RECVEIL

DE DIVERSES Relations des Guerres d'Italie, és annees 1629. 1630. & 1631.

Par Meziriac, selon Barbier.
De Meziriac, [illegible]

A Bourg en Bresse.
Par IEAN BRISTOT.

M. DC. XXXII.

Relation des affaires de Mantoüe és annees 1628. 1629. 1630.

(par Michel Particelli, seigneur d'Hemery, d'après le P. Lelong)

LE Mantoüan est vne Prouince de la Lombardie de deça le Po. Il confine au leuant le Ferrarois : au couchant, le Milanois : au Septentrion, l'Estat de sainct Marc, le long du Bressian, & le Veronois : au Midy, il s'estend iusques au Po, & quelque peu par delà, vers le Parmesan & la Romagne.

La ville principale c'est Mantoüe, qui a donné le tiltre & nom à tout l'Estat ; ainsi ditte (s'il faut croire les Romans & vieux Historiens) de Manté, l'vne des Sybilles, fille de Tiresias, l'aueugle Deuin, laquelle en a ietté les premiers fondements, & dressé les enceintes originaires. Elle a de longitude selon Ptolomee trente deux degrez, quarante-cinq minutes, & de latitude quarante-trois degrez & quarante minutes.

Elle est bastie sur le fleuue Mincio, lequel sortant du lac de Guarda court du Nord au Su, pour se perdre dans le Po ; s'eslargissant à lendroit de Mantoüe, & faisant vn grand lac, au milieu duquel est posee ceste ville : de façon que l'on n'y peut entrer que par des ponts & chaussees ; & c'est ce qui rend son assiette fort aduantageuse & ses approches fort difficiles.

Elle est ville Episcopale, qui par vn priuilege assez special, ne despend que de Rome immediatement : elle est chef de tout l'Estat ; la demeure ordinaire des Princes, & l'vn des agreables sejours de l'Europe.

Ceste ville, ou, pour mieux dire, ceste Prouince, apres auoir esté premierement tenuë par les Toscans, & les Gaulois, vint en la puissance des Romains & de leurs Empereurs : & sur le declin premier de l'Empire tomba dans les mains des Gots, & des Lombards : & de nouueau, par la ruine de ceuxcy, rentra sous l'obeyssance des mesmes Empereurs. Mais l'Empire s'affoiblissant de rechef, Mantoüe demeura dans quelque diuersité & incertitude de gouuernement, tantost de liberté, tantost de subiection ; ores de Monarchie, ores de Democratie, durant les regnes d'Oton second, & troisiesme, Henry deux, Conrad, & Henry trois, & Empereurs suiuants,

Albert Leandre en son hystoire.

iusques en l'an mil deux cents vingt, auquel temps vn nommé Sordello, issu des Viscomtes de Goito, se rendit maistre absolu du Mantoüan: Apres le decez duquel, & enuiron l'an 1274. l'Estat tombant comme en Aristocratie, Pinamont de Bonacolsi, & Ottonello de Henatelli, furent nommez par le peuple chefs de la Republique : mais Pinamont ayant fait assassiner Ottonello son Collegue, demeura seul Maistre, & Gouuerneur de l'Estat.

Albert Leandre & Æquicola.

Apres Pinamont, gouuernerent ceux de sa Maison successiuement, sçauoir Bardelono Bonacolsi, Botigella Bonacolsi, & Passarino Bonacolsi, l'espace d'enuiron cinquante & cinq ans, & iusques en l'an mil trois cents vingt-huict, que Passarino Bonacolsi ayant esté tué pour ses tyrannies & violences par Louys de Gonzague, & les siens, l'Estat tomba en la Maison de Gonzague, & fut deslors l'Estat de Mantoüe, successiuement, & de Pere en fils gouuerné par Louys, Guy, Louys, & François de Gonzague, en qualité de Capitaines & Vicaires perpetuels de l'Empire, & iusques à ce que Ian François de Gonzague, apres la mort de son Pere François, dernier Capitaine decedé, fut par l'Empereur Sigismond fait & creé premier Marquis de Mantoüe, pour le posseder desormais sous ce tiltre, & comme fief de l'Empire.

Premier Marquis de Mantoüe.

Les termes, & la forme de ceste inuestiture premiere, en datte du sixiesme May, 1432. donnée par l'Empereur Sigismond à Iean François premier Marquis, sont considerables, & dignes d'estre sceus, puisque de leur parfaitte intelligence depend la cognoissance & la verité du droit successif au Duché de Mantoüe, entre les Ducs de Neuers d'vne part, & de Guastale d'autre, tous deux Princes de ce sang, & dont il s'agit auiourd'huy.

Premiere inuestiture du Marquisat de Mantoüe à la Maison de Gonzague.

Nous ordonnõs, & voulons (ainsi parle Sigismond) *que vous Iean François, & vos heritiers, & successeurs legitimes, Marquis de Mantoüe, vous puissiez iouyr, & vser, iouyssiez & vsiez à perpetuité, de tous & vn chacun les dignitez, preéminences, droits, pouuoirs, libertez, honneurs, coustumes, & prerogatiues, desquels ont accoustumé de iouyr, & iouyssent de fait les autres Princes, & illustres Marquis du sainct Empire.*

Comme aussi que vous iouyssiez de la ville de Mantoüe, size en la basse Lombardie, de son terroir, Diocese & destroit ; auec tous & vn chacun ses droicts, honneurs, Iustices, appartenances, & dependances telles qu'elles sont, & comme par cy-deuant en ont iouy la Commune de Mantoüe, nos predecesseurs, & les vostres, & vous mesmes, & cōme vous en iouyssez à present; auec toutes les villes, Chasteaux, lieux, terres, Bourgs, Iustices, droicts, Regales, honneurs, & domaines, cy-aprez nommez, & declarez.

Nous voulons & ordonnons par ce present nostre rescript Imperial, que doresenauant, & cy-apres, ladite ville de Mantoüe, auec toute son estenduë, territoire, Diocese, & destroit, & toutes ces Chastelenies, terres, & lieux, leurs droicts, Regales, & Iustices; soit dite Marche & Marquisat, & pour Marche & Marquisat soit de tous & vn chacun tenuë, nommee, & appellee: Et icelle en ceste qualité, & sous ce titre, à vous illustre Iean François, & à vos enfants legitimes, successeurs, & hoirs masles (en la façon qu'il sera cy-apres enoncé) auec tous ses droits, de nostre certaine science & volonté deliberee, pleine puissance, auctorité Imperiale, & benignité Cæsaree, nous la vous donnons, concedons, & gratieusement accordons, en titre de Marquisat, & fief honoraire & perpetuel.

Et pour oster toute difficulté qui pourroit naistre, & se former sur l'ordre de la succession audit Marquisat, entre vos descendants, par cestuy nostre present rescript Imperial, & Edict Royal, commandons, decernons, disons, & ordonnons, que vostre fils aisné venu de legitime mariage, vous succede audit Estat, & soit preferé à ses freres, quoy que legitimes comme luy. Que le fils de vostre aisné apres luy (quand mesmes vostredit aisné mourroit de vostre viuant) soit Marquis, & soit preferé à qui que ce soit, mesmes à ses oncles: & qu'ainsi successiuement tous les aisnez venus de legitimes mariages, soient appellez à la succession & iouyssance dudit Marquisat.

Et venant à manquer la tige des aisnez, & aisnez des aisnez; nous voulons qu'en ce cas le puisné masle, né pareillement en legitime mariage, succede audit Estat, & ses enfans successiuement, & en la forme que dit est: & ainsi des autres puisnés & cadets, l'vn apres l'autre, au mesme ordre & façon des aisnez.

Voila les termes de l'inuestiture originaire de Mantoüe, dattee (comme dit est) laquelle quinze ou seize mois apres, sçauoir le 22. Septembre de l'an 1433. luy fut confirmee, & d'icelle mis honorablement en possession reelle & actuelle, par la personne mesme dudit Sigismond, qui pour les affaires de ses Estats se trouua lors à Mantoüe.

Ce Iean François deceda le 23. Septembre, mil quatre cents quarante quatre. Il espousa Paule Malateste, dont il eut Louys son aisné, & Charles, Alexandre, & Iean Lucide: ausquels trois puisnez, par vn partage & destination de Pere de famille, il assigna quelques terres & biens: mais n'ayans laissé hoirs d'eux, lesdites terres reuindrent tost apres aux Marquis de Mantoüe leurs aisnez.

Second Marquis. Louys fils aisné de Iean François, apres la mort de son pere, suiuant le droit à luy acquis par l'inuestiture, fut second Marquis de Mantoüe: & entra en actuelle iouyssance & possession d'iceluy, sans attendre autre forme, pouuoir, inuestiture ou auctorité nouuelle; & en iouyt iusques en l'annee mil quatre cents septante huict qu'il deceda. Il eut de Madame Barbe sa femme cinq enfans, sçauoir, Federic son aisné, & Iean François, François, Rodolphe, & Louys; à tous lesquels il assigna quelque domaine: mais deux d'iceux ayants esté d'Eglise, sçauoir, François Cardinal, & Louys Euesque de Mantoüe, deux seulement furent mariez, & ont laissé des descendants, qui durent encor auiourd'huy. Mais ces tiges ne regardent en rien les affaires presentes.

Troisiesme Marquis. Federic, fils aisné de Louys, fut apres la mort de son pere, troisiesme Marquis de Mantoüe; & le tint iusques au treiziesme Iuillet mil quatre cens octante-quatre, qu'il deceda. Il eut de Marguerite de Bauiere sa femme trois fils, François ou Iean François son aisné, Sigismond qui fut Cardinal, & Iean qui fut marié, & a laissé enfants & descendants de luy, indifferents à ce suject.

Quatriesme Marquis. François ou Iean François second du nom, apres le decés de son pere Federic fut quatriéme Marquis de Mantoüe: iusques au 29. Mars 1519. qu'il mourut. Il espousa Isabelle d'Est, fille de Hercules second Duc de Ferrare, dont il eut plusieurs filles, & trois masles, sçauoir, Federic l'aisné, Hercules Cardinal, & Ferdinand ou Ferrand, ayeul du Duc de Guastale (comme lon peut voir en la Genealogie): pour le sujet duquel est formee la premiere, & l'vne des grandes questions d'auiourd'huy, pretendant, comme plus prochain heritier, estre le plus habile à luy succeder à l'Estat de Mantoüe; & exclure Charles Duc de Neuers, côme le plus esloigné de la souche originaire. Mais à cela François le Noir Senateur de Mãtoüe, & Federic Bozius ont si iuridiquement respondu, que tout esprit iudicieux en sera satisfait, s'il n'ayme mieux le droit des armes que des loix.

Federic II. du nō, fils aisné de Iean Frāçois, son pere mort, fut cinquiesme Marquis de Mantoüe. Ce Federic, l'an M D.XVII. du viuant de son pere, fiança par parole de present, Marie, fille aisnée de Guillaume Marquis de Montferrat, aagée de sept ans seulement : mais auant la consommation du mariage aduint *Primò*, que Guillaume Marquis de Montferrat son pere le IV. Octobre M. D. XIIX. laissant vn seul fils, Boniface, heritier de ses terres, & deux filles, sçauoir ladite Marie, & Marguerite sa sœur. *Secundò*, luy Federic Prince de Mantoüe, en l'an M. D. XIX. par le deceds de son pere fut fait Marquis de Mantoüe. *Tertiò*, la Princesse Marie auant qu'estre mariée, & au mesme temps que l'on se disposoit à la celebration des nopces, deceda inopinément, au grand desplaisir & peril de toute la Republique. *Quartò*, comme l'on traitoit de donner à Federic Marguerite, l'autre sœur, au lieu de la defuncte Marie, & que chacun agreoit ceste subrogation, aduint par vn excés de disgrace, que Boniface Marquis de Montferrat tombant de cheual se blessa, dont il mourut le 6. Iuin 1530. Et fut le Marquisat de Montferrat par sa mort, selon les clauses des inuestitures à l'exclusion des filles, deuolu à Iean Georges Abbé de Grassano au Montferrat, oncle de Marguerite, & frere de Guillaume penultiesme Marquis, ja fort aagé, mal sain, & sans grande apparence qu'il deust laisser hoirs de soy. De façon que la succession du Marquisat, apres luy, regardoit directement Marguerite sa niepce, comme seule & legitime heritiere de l'Estat, en vertu des inuestitures precedentes. Cela apporta vn peu de retardement au mariage de ce Federic, auec ladite Princesse Marguerite: l'Empereur Charles-Quint commençant à deuorer par esperance ce morceau, pour le ioindre au Milanois. Mais ayant depuis plus meurement pensé à ce dessein, & craignant d'augmenter trop la Maison des Sforces, par le surcroist de ceste piece, aymant d'ailleurs ce Federic, comme l'vn de ses affidés, & lequel pour obliger dauantage il auoit fait premier Duc de Mantoüe, il se resolut en fin de luy faire espouser ladite Marguerite : & en furent celebrées les nopces en Septembre M D.XXXI. En faueur desquelles ledit Empereur, du consentement de Iean Georges, lors Mar-

Cinquiesme Marquis, & premier Duc.

Beneuenutus en sa Chronique.

Albert Leandre.

Vnion de Mantoüe, & du Montferrat.

quis de Montferrat, & au cas qu'il decedast sans enfans, inuestit en bonne forme Federic & Marguerite du Marquisat de Montferrat, pour estre par eux tenu & possedé, comme vn fief noble, ancien & paternel : & apres eux par leurs enfans masles legitimes : & à faute de masles, par les filles, encor que lesdites filles eussent esté par les masles vne ou plusieurs fois excluses.

Ce Federic deceda en Iuin M. D. XL. laissant trois enfans masles, vne fille, & sa femme enceinte, laquelle accoucha depuis d'vn fils nommé Federic, posthume, qui fut Cardinal. Les trois viuans furent François l'aisné, Guillaume le second, qui tous deux furent Ducs ; & Louys le troisiesme, pere de Charles Duc de Neuers, à present Duc de Mantoüe, qui a pretendu & obtenu ledit Duché, comme plus prochain heritier, & plus habile à succeder à Vincent Duc de Mantouë dernier decedé, à l'exclusion du Duc de Guastale, comme plus esloigné. Et en ce droit consiste la quatriesme difficulté qui se presentoit sur le fait des affaires de Mantoüe.

De Thou, liu. 22. de son Hist.

Ce mesme Louys vint en France, fut Duc de Neuers, & de Rheteil, & seruit les Roys tres-Chrestiens, nommément Henry second, és guerres de Champagne, és troubles de Toul, Mets, & Verdun, Citez Imperiales ; se trouua à Mariemont en personne, & autres lieux contre l'Empereur : pourquoy lon pretend icy auoir commis felonnie contre son Seigneur, & s'estre rendu indigne, tant pour le regard de son chef, que pour ses descendans, de tenir iamais aucun fief de l'Empire, & consequemment celuy de Mantoüe : & en ceste felonnie consiste la cinquiesme question d'aujourd'huy. Il mourut l'an M. D. LXXXXV. laissant de *Henriette de Cleues* sa femme, Charles Duc de Neuers & de Rheteil, à present Duc de Mantoüe, qui est pareillement demeuré au seruice des Roys de France, & s'est trouué en plusieurs guerres & affaires, nommément au siege de Cambray, ville Imperiale ; pourquoy semblablement l'on pretend icy de son chef auoir commis vne nouuelle & seconde felonnie, & comme tel estre punissable de la perte des fiefs du sainct Empire, si aucuns il tenoit, & de ceux qui luy pouuoient & deuoient vn iour appartenir ; & c'est en ceste pretenduë felonnie, ou plustost calomnie, que se forme la sixiesme difficulté d'aujourd'huy. Mais à ces deux dernieres

Comines, liu. 5. ch. 13.

pointilles, François le Noir Senateur de Mantoüe a si doctement & librement respondu, que de les alleguer desormais c'est ressusciter l'Apologue du loup & de la brebis, & non pas iustifier des pretensions au veu & sceu de toute la Chrestienté.

François, fils aisné de Federic, son pere mort, fut second Duc de Mantoüe, en l'aage de six ans ou enuiron, & tint le Duché dix ans, iusques au XXI. Feurier M. D. L. qu'il deceda sans enfans. 2. Duc.

Guillaume son puisné fut troisiesme Duc, apres son frere. Il mourut le XIV. Aoust M. D. LXXXVII. laissant trois enfans, deux filles, & Vincent son fils vnique. 3. Duc.

Vincent, fils vnique de Guillaume, par le deceds de son pere, fut quatriesme Duc de Mantoüe. Il mourut le XIIX. Feurier M. DC. XII. laissant d'*Eleonore de Medicis sa femme* trois fils, François, Ferdinand, Vincent, & deux filles; Marguerite, mariée à Henry Duc de Lorraine, & Eleonore, mariée à Ferdinand à present Empereur des Romains. Or ces trois Princes estans decedez sans enfans masles, ladite Marguerite comme aisnée de Vincent, descenduë en droite ligne du premier inuesti qui est Federic, a pretendu droit sur l'Estat de Montferrat, à l'exclusion de Charles Duc de Neuers: & en ceste pretension consiste vne septiesme difficulté és affaires de Mantoüe. Mais ce pretendu droict est si foible, & le mesme François le Noir y a si iuridiquement satisfait, que si c'estoit vn autre qu'vne fille (excusable d'ignorance) qui l'alleguast, il seroit plus digne de risée, que d'estre esclaircy. 4. Duc. Art. 7.

François, fils aisné de Vincent, apres son deceds fut cinquiesme Duc de Mantoüe. Il mourut le XXI. Decembre M. DC. XII. laissant de Marguerite *de Sauoye* sa femme, vne seule fille vnique, nommée Marie: pour le respect de laquelle, en partie, les Ducs de Sauoye, present & deffunct, remuerent dés lors leurs anciennes querelles sur le subiect de Montferrat, & les ont de nouueau renouuellées, & formé le dernier debat, dont il sera parlé cy apres, apres la mort de Vincent dernier Duc de Mantoüe. 5. Duc.

Ferdinand, second fils de Vincent, apres la mort de son frere François, dernier Duc decedé, fut sixiesme Duc de 6. Duc.

Mantoüe : & mourut en l'an M. DC. XXVI. n'ayant laissé hoirs legitimes de soy.

7. Duc. Vincent, dernier fils aussi de Vincent, apres la mort de Ferdinand son frere a esté le septiesme Duc de Mantoüe, de la tige des aisnez, venus en droite ligne de Federic premier Duc inuesty : & n'ayant tenu ses Estats qu'vn an ou enuiron, est decedé le iour de la saincte Natiuité de nostre Seigneur, en l'an M. DC. XXVII.

Mais preuoyant qu'il pourroit y auoir du trouble sur la succession de ses Estats apres sa mort, causé plustost par l'ambition de ses alliez, que par iuridique difficulté, il appella vers soy

8. Duc. Charles Duc de Neuers, celuy qu'il cogneut le plus proche & habile à luy succeder, & comme tel auant son deceds, le recogneut & le declara, & le fit recognoistre & declarer, par ses officiers & subiects, Duc de Mantoüe, & de Montferrat. Et pour valider & signaler dauantage ceste sienne recognoissance & declaration, par vne affection de sang & prudence politique, esgalement sensibles & iustes, il voulut que Charles Duc de Retheil, aisné dudit Duc de Neuers, espousast la Princesse Marie sa niepce, & pupille : afin qu'en remettant l'estat és mains du legitime heritier, il pourueut sa pupille aussi aduantageusement, que si elle eust esté de son chef, & comme masle, heritiere de son Domaine.

Apres sa mort neantmoins (nonobstant toutes ses preuoyances) le Duc de Guastale n'a pas laissé de pretendre & poursuiure ses droicts sur le Duché de Mantoüe, & poussé, peut-estre, par des factions plus puissantes que ses droicts, a suscité ce grand differend d'entre les parties, qui a esté suiuy de ceste grande leuée d'armes qui a pensé perdre l'Italie.

De plus ledit Duc de Neuers (le Duc Vincent estant decedé) en suite des termes exprés des inuestitures de ses deuanciers, apres les recognoissances faites de son droit, tant par ledit dernier Duc, que par les Principaux de l'Estat : apres les declarations susdites faites en sa faueur : apres auoir enuoyé vers l'Empereur ses Ambassadeurs, Agents, & fils aisné, pour le requerir honorablement de son inuestiture : pour cependant s'asseurer & conseruer son bien, s'estant mis de son authorité particuliere (comme il pouuoit) en possession reelle & actuelle de ses Estats, a donné subiect à la derniere difficulté qui s'est meuë

meuë parmy ce differend, ſçauoir qu'il ne deuoit pas entrer de ſa puiſſance en ceſte poſſeſſion; mais attendre la volonté & l'inueſtiture de l'Empereur ſon Souuerain: & a tellement aigry par ceſte entrepriſe l'Empereur, qu'il a attiré ſur ſoy les ſerres & les ongles des aigles Romaines: mais comme ont remarqué Bozius, & le Noir, pluſtoſt pour violer le droict des Gents, que pour punir ſon mesfait. *Bozius, & le Noir.*

En fin les Ducs de Sauoye, preſent & paſſé, ayans renouuellé les anciennes pretenſions ſur le Montferrat, diſputées entre eux & la maiſon de Mantouë, depuis Guillaume cinquieſme du nom Marquis de Montferrat, de la Maiſon de Saxe; & Iean ſon fils dernier Marquis de ce nom: & encor du temps de Theodore Paleologue, premier de ce nom, & de ceſte famille, Marquis de Montferrat, mary de Violande de Saxe, fille & ſœur deſdits Guillaume & Iean Marquis: & touſjours depuis, iuſques à aujourd'huy, ont fermé la plus importante & penible queſtion de toutes, pour la proprieté dudit Montferrat. Et en ayant euenté & publié depuis quelque temps leur droit, par la plume d'Antoine le Faure, chef du Parlement de Chambery, ils ont trouué plus à propos de le fortifier & faire valoir par les alliances, traitez, & negociations ſecrettes auec la maiſon d'Auſtriche: & ainſi ont eſté les premiers mobiles de tout le contraſte, ayans appellé à leur ſecours les puiſſances d'Allemagne & d'Eſpagne, & mis les affaires aux termes faſcheux que l'on les a veuës en l'an M. DC. XXIIX. & tout le long de ces dernieres guerres d'Italie: ayans reduit tout leur droit aux armes, & toute leur iuſtice en leurs eſpées, pour deſpoüiller vn Prince de l'alliance & nourriture de France: & ſe veſtir de ſes deſpoüilles, pendant que ſa Maieſté tres-Chreſtienne s'employoit à dompter ſes ſubiects. Et que l'on ne croyoit pas qu'elle fuſt en eſtat de pouuoir aſſiſter ſes alliez, & ſecourir (en qualité de Protecteur de toute la Chreſtienté) les Princes oppreſſés par les factions des puiſſances ennemies.

Le Roy preuoyant que les pretenſions du Duc de Sauoye ſur les Eſtats de Mantouë, cauſeroient vne longue guerre entre ces deux Princes, qui pourroit engager les armes de toute la Chreſtienté, enuoya vers eux le ſieur de ſainct Chaumont ſon Ambaſſadeur, pour compoſer leurs differends: mais la mort de Vincent Duc de Mantouë rompit ceste negotiation.

Le Duc de Neuers estoit legitime heritier des Duchez de Mantoüe & Montferrat; & ceste succession luy fut affermie par le mariage du Duc de Retelois son fils, auec la Princesse seule heritiere desdits Estats, qui fut fait deux heures auant la mort dudit Duc Vincent. Neantmoins le Duc de Sauoye conçeut deslors l'esperance de ioindre à ses Estats la plus part du Montferrat pour son partage : le Duc de Guastalla Prince de la Maison de Mantouë, l'Imperatrice, & la Duchesse de Loraine estimoient auoir aussi part en ce desbris.

Ces diuerses pretensions rendirent l'accommodement de leurs differens tres difficile. Le Duc de Sauoye irrité du mariage de la Princesse sa petite-fille auec le Duc de Retelois, sans son sçeu, tesmoigna vn grand ressentiment de ce mespris: mais en effect son desplaisir estoit, que ce mariage asseuroit ces Duchez au Duc de Neuers, auec lequel il vouloit mesnager son interest auant qu'il en fust paisible possesseur.

Quelques depesches surprises par le Duc de Sauoye, luy firent voir que le sieur de sainct Chaumont estoit autheur de ce mariage, & deslors il fut en si mauuaise intelligence auec luy, qu'il estoit difficile que la negotiation reussist. Toutesfois si le Duc de Mantouë eust voulu donner dix ou douze mil escus de rente à prendre sur des terres du Montferrat, ces differents eussent esté terminez : mais les irresolutions de ces Princes ayant rompu ceste negotiation, le sieur de sainct Chaumont s'en reuint en France sans rien resoudre.

Le Duc de Sauoye voyant ce traicté rompu, se ioinct auec les Espagnols, lesquels partageans auec luy le bien d'autruy dans leurs desseins, luy laisserent Trin, Albe, & Montcalue, se reseruans Cazal, Nice de la Paille, Aqui, Pouçon, & Pont-d'Estulle.

Le pretexte de l'inuasion de cet Estat estoit specieux; Que le Duc de Mantouë s'estoit mis en possession de ces Duchez sans l'inuestiture de l'Empereur, quoy qu'il fust vray qu'il l'auoit demandée par ses Ambassadeurs.

Les Princes pretendans droict en ceste succession, demandoient que les places de ces Duchez fussent deposées entre les mains de l'Empereur auec lequel ils estoient d'accord, iusques à ce qu'il eust iugé leurs differends : mais leur dessein commun estoit de les partager comme vn butin : & de fait, le partage en estoit arresté ; Sçauoir Mantouë pour l'Empereur, Cazal pour les Espagnols, & Trin pour le Duc de Sauoye, pour le ioindre à ses Estats ; & pour Guastalla, on luy deuoit augmenter son reuenu. Ils vendoient tous la peau de l'Ours auant qu'il fust pris, chacun estoit content ; il ne restoit plus que l'execution pour y paruenir, qui estoit le plus difficile. Cazal fut assiegé soubs le nom de l'Empereur par Dom Gonzalles de Cordoüa Gouuerneur du Milan, comme n'estant les armes d'Espagne qu'auxiliaires en ceste guerre ; Nice de la paille, & Aqui, Pontçon furent pris. Le Duc de Sauoye assiegea & prit en peu de iours Trin, Albe, & Montcalue.

Le Roy fauorable à ceux qui reclament son authorité, prenant part dans les interests du Duc de Mantouë, comme estant vray François, allié de ceste Couronne, qualité autant odieuse qu'elle est redoutable, & d'effroy de là les monts, estoit en resolution de le secourir : mais ceste entreprise estant de difficile execution pour lors que les forces de l'Estat estoient employées au siege de la Rochelle, permit au Duc de Mantouë de leuer des trouppes dans le Royaume, ausquelles il fit fournir les estapes sans payer.

Suiuant ce pouuoir il se leue vne armée de douze mil hommes de pied, & quinze cens cheuaux, sous la conduite du Marquis Duxel, qui trauersa toute la France en Iuin, mil six cens vingt-huict, auec grand desordre, & se rendit vers Ambrun, où le long seiour de trente-six journées fit cognoistre aux ennemis la route qu'on vouloit prendre, & leur donna le temps de fortifier ce passage, le munir d'hommes, & ioindre l'artifice à la nature pour luy en rendre l'abord difficile.

Le deuxiesme Aoust mil six cens vingt-huict, ceste armée partit d'Ambrun, auec dessein de passer au Val sainct-Pierre. Mais dés le iour que les trouppes furent à la campagne, les viures & les munitions de guerre leur ayant manqué, faute de preuoyance des Chefs, ceste armée fut entierement dissipée à la veuë du fort sainct-Pierre, sans combat.

Ce succez, quoy qu'il ayt esté iugé malheureux, ne l'a esté toutesfois que pour ceux qui commandoient ceste armée, & a produit vn plus grand effect que si l'armée fust descenduë en Piedmont, qui n'y eust peu subsister faute de viures & munitions : d'autant que les ennemis ayant retiré partie de leurs trouppes du siege de Cazal pour venir deffendre le passage de sainct Pierre, les habitans de Cazal mirent cependant dans la ville dix mil sacs de bled, qui leur donnerent moyen d'attendre vn autre secours.

Le Roy ne fit point paroistre le desplaisir qu'il ressentoit de ceste defaite, iusques apres la prise de la Rochelle, qu'aussi-tost il fit acheminer ses trouppes pour le secours de Cazal : mais l'extreme necessité en laquelle les assiegez faisoient croire qu'ils estoient reduits, faisoit douter que la place ne fust perduë auant que le secours peust arriuer. Dans ceste incertitude on enuoya les trouppes en Auuergne, afin de les faire passer en Italie, s'ils pouuoient secourir Cazal à temps ; sinon, les faire rafraischir iusques au printemps pour la guerre de Languedoc.

Cependant le Commandeur de Valencay ayant esté enuoyé vers le Duc de Sauoye luy offrir Trin, & les douze mil escus de rente qu'il auoit autrefois desiré, afin qu'il permist le passage de l'armée du Roy pour secourir Cazal ; ses responces pleines d'irresolutions & de longueurs, qui ne tendoient qu'à aduancer la prise de Cazal, rendirent cette negotiation de nul effect : & sur l'aduis qui fut donné au Roy au mois de Decembre ensuiuant, que Cazal pouuoit subsister iusques à la fin de Mars, il se resolut de secourir à force ouuerte le Prince qu'on vouloit opprimer : ioinct qu'en conseruant Mantouë & Cazal, on rompoit le dessein que les Espagnols ont eu long temps y a, de se rendre Maistres de l'Italie, & de remplir leur toison d'or de tant de Seigneuries dont elle est composee.

L'armee du Roy composee de vingt-mil hommes de pied, & deux mil cheuaux, fut commise au sieur Mareschal de Crequi, assisté des sieurs d'Auriac, de Toiras, & Vallençay, choisis pour Maistres de Camp, auec le sieur de Bulion, qui fut enuoyé pour demeurer prez de luy : Le sieur de Vertamont pour intendant de la Iustice, & le sieur d'Hemery pour intendant des finances. Les intendans & generaux des viures prirent le soin, & entreprirent la fourniture du pain ; & les troupes qui estoient en Auuergne furent commandees de se rendre à Grenoble.

Le Roy partit de Paris au mois de Iannier, 1629. accompagné du Cardinal de Richelieu, passe à Lyon, de là à Grenoble, & en huict iours fit aduancer ses troupes, ordonne leurs estappes, fait conduire quatre canons & sept autres pieces par des chemins inaccessibles ; fit faire vn pont porté sur des mulets & des charrettes pour passer les riuieres, & le quatriéme Feurier part de Grenoble en la plus rude saison de l'annee ; passe par Ambrun, où le Comte de Verrue vint trouuer sa Majesté de la part du Duc de Sauoye, auec quelques propositions pour la paix fort desagreables. Il demande que sa Majesté fasse la guerre aux Genneuois, qu'elle se departe de la protection de Geneve ; & qu'on luy remette la vallee de Citary, le Pont de Gresin, & le païs neutre ; & encores apres tout, craignant d'estre pris au mot, dit pour conclusion n'auoir charge de cõclurre aucune chose : Ce qui fit croire qu'il estoit enuoyé plustost pour presenter que pour terminer affaires. Il suit le Roy iusques à Oulx, qui est à quatre lieuës de Suze, & de là s'en alla vers le Duc pour l'informer de ce qu'il auoit fait en son voyage.

Le Roy d'autre costé renuoye de rechef le Commandeur de Vallençay vers le Duc, pour le conuier à luy donner passages & viures, en payant, pour aller au secours de Cazal, luy offrir Trin, & douze mil escus de rente en reuenu, à prendre sur les terres de Montferrat, pour les pretentions qu'il auoit sur ce Duché ; mais ce voyage fut sans fruict, & sans resolution comme auparauant.

Depuis le premier Mars, que le Commandeur de Vallençay fut de retour, iusques au dixiesme, le Roy sejourna à Oulz, attendant que ses troupes & son artillerie fussent arriuees. Ledit sieur Cardinal s'estant aduancé iusques à Chaumont, menagea vne entreueuë auec le Prince de Piémont qui le vint trouuer le dix-septiesme ensuiuant. Ledit sieur Cardinal le vouloit induire à fauoriser les desseins de sa Majesté, luy reïtere les offres que le Commandeur de Vallençay auoit faites au Duc son pere de la part du Roy, & de plus que sa Majesté promettoit de terminer le different qu'il auroit auec les Geneuois. On ne luy refusoit rien de ce qu'il tesmoignoit desirer, afin de faciliter le passage de l'armee du Roy par le pays de Suze, & apres le passage, euiter l'incommodité des viures allant secourir Cazal; Ce qui ne se pouuoit faire que difficilement, sans lassistance de Sauoye. Les offres qu'on faisoit au Prince de Piedmont estoient si aduantageuses, qu'il ne les pouuoit refuser, sans faire cognoistre qu'il ne vouloit aucun Traitté de Paix. Ce qu'il dissimuloit, pour gagner temps & faire aduancer ses troupes, & celles que Dom Gonzalles luy enuoioit pour s'opposer à Suze au passage de l'Armee du Roy. Il dit donc qu'il trouuoit bon ces offres, & tres-iustes; qu'il desiroit les communiquer à son Altesse, & que dés le lendemain il en apporteroit luy-mesme certaines resolutions.

Au lieu de retourner le lendemain, ainsi qu'il auoit promis, il renuoye le Comte de Verrue, qui dit, que ledit sieur Prince de Piedmont n'auoit pas trouué le Duc à Riuolles, ainsi qu'il pensoit, & que s'estant retiré à Trin, il ne pouuoit ce iour-là rapporter sa resolution.

Les aduis que ledit sieur Cardinal auoit, que les troupes de Dom Gonzalles aduançoient en grande diligence: Que ce mesme iour il estoit arriué dans Suze de Fleury, François Indicqué, qui estoit au seruice de Sauoye, le firent douter que ces longueurs ne fussent affectees: & incontinent apres le depart du Comte de Verrue, il tint Conseil, assisté des Mareschaux de Crequi, de Bassompierre, & de Schomberg; auquel l'attaque des barricades de Suze, pour le lendemain au point du iour fut resoluë. Il y eut diuersité d'aduis en ce Conseil pour la façon d'attaquer.

Le sieur Cardinal pour estre plus particulierement informé de l'estat des barricades des ennemis, auoit enuoyé le iour precedent Argencour à Suze, sous pretexte de porter vne sienne lettre au Comte de Verrue, ou en son absence au Gouuerneur de Suze: Mais en effect, c'estoit pour recognoiſtre l'eſtat des fortifications ; lequel ayant rapporté qu'elles ſe pouuoient emporter, il fut arreſté qu'on donneroit par le front, & neantmoins qu'on enuoyroit mil hommes au paſſage du Grosqui eſtoit gardé, pour l'emporter, & deſcendre entre les barricades & la ville de Suze.

Auant l'execution ledict ſieur Cardinal en donna aduis au Roy, lequel au meſme temps part d'Oulx à dix heures du ſoir, par le plus rude temps qui ſe puiſſe faire, pour ſe trouuer en perſonne le lendemain à cette attaque ; Et cependant les Mareſchaux de Crequi, de Baſſompierre & de Schomberg, firent aduancer les troupes qu'ils diſpoſerent pour attaquer les barricades : Le lendemain cela fut fait au point du iour par vne quantité de Nobleſſe courageuſe, & vrayement Françoiſe, honoree de la preſence du Roy, à la veuë duquel les paſſages de Suze, Laboerte & Gros, gardez par plus de ſix mil hommes, furent tous forcez en moins d'vne demie heure ; les ennemis ayant pris l'effroy, de ce que le Regimẽt de Saulx les auoit gagnez par derriere, craignans qu'il ne leur coupaſt le chemin de leur retraite. Le Duc de Sauoye & le Prince de Piedmont y eſtoient auſſi en perſonnes, qui ſe retirerent de Suze auec ce qui ſe peut retirer de leurs troupes ; La pluſpart des Chefs & ſoldats du Regiment de Corbillon furent pris priſonniers & leurs drappeaux emportez.

Si on euſt voulu ſuiure la victoire, la ville de Suze euſt eſté emportee d'emblee, tant l'ardeur de l'armee du Roy & l'effroy des ennemis eſtoiẽt grands. Mais l'aduis qu'on donna, qu'il y auoit quantité de viures dans la ville, qui ſe pouuoient meſnager pour la nourriture de l'armee, fit qu'on la prit le meſme iour à compoſition.

Le fort de Gellaſſe, & la Citadelle de Suze tenans encores, le Roy demeura quelques iours à Chaumont, iuſques à ce que ces deux places fuſſent renduës.

Depuis ces priſes & le deſarroy des armes de Sauoye, on renouë les negotiations auec le Duc : on commença par vne ſuſpenſion d'actes d'hoſtilité contre la Citadelle, qui pour lors eſtoit inueſtie.

Apres pluſieurs Conferences, enfin le Prince de Piedmont eſtant venu le dixieſme de Mars à Suze où le Cardinal ſe rendit, il fut conuenu, que le Duc donneroit libre paſſage aux armes du Roy, pour secourir les Estats de Mantouë, & fourniroit les estappes en payant, ensemble les viures qui seroient necessaires tant pour le renuitaillement de Cazal, que pour la nourriture de l'armee. Et pour les pretentions qu'il auoit sur le Montferrat, sa Majesté luy adiugea Trin auec quinze mil escus de rente, à prendre sur les terres de Montferrat, suiuant la liquidation qui en seroit faite par les Commissaires qui seroient à cet effet deputez; Que la Citadelle de Suze & le fort de Gellasse seroient remis entre les mains de sa Majesté, & qu'ils seroient gardez par des Suisses du Regiment des Gardes, qui s'obligeroient par serment enuers le Duc de les luy remettre entre les mains, apres que le Traitté seroit executé de tous points; Cependāt & iusques à la restitution de ces places, que le Duc retiendroit Albe, & Montcalue; & restitueroit au Duc de Mantouë le surplus des terres qu'il auoit occupees sur luy. Et pour plus ample intelligence, il n'est hors de propos de mettre icy ledit Traitté de Suze tout entier.

1 Monsieur de Sauoye promet de donner presentement passage par ses Estats à l'armee de sa Majesté qui va au Montferrat, fournir d'estapes, tant pour ledit passage que pour le retour desdites troupes, & contribuer tout ce qui sera possible pour le renuitaillement de la ville de Cazal, soit en fournissant de viures, munitions de guerre, & autres choses necessaires, en les payant par sa Majesté au prix des trois derniers marchez.

2 Il promet en outre de donner cy-apres seur, libre, & asseuré passage à tous les viures, munitions de guerre, & autres choses necessaires, que sa Majesté voudra faire passer à l'auenir au Montferrat, par quelque endroit qui se puisse entrer de son pays: comme aussi à tel nombre de gens de guerre que sa Majesté iugera necessaire pour la seureté dudit Montferrat, au cas qu'il fust attaqué, ou qu'on iugeast qu'il le deust estre.

3 Pour seureté de l'execution de ce que dessus, Monsieur de Sauoye remet presentement la Citadelle de Suze & Chasteau de S. François entre les mains de sa M. laquelle y mettra garnison de ses Suisses, commandez par tel qu'il luy plaira, lesquels feront serment par commandement de sa Majesté à

ſté à Monſieur de Sauoye, de luy remettre ladite Citadelle & Chaſteau entre les mains, auſſi-toſt que les choſes promiſes & accordees par les preſens articles auront eſté executees; & cependant garder ladite place pour le ſeruice du Roy.

4 Moyennant ce, ſa Majeſté promet à Monſieur de Sauoye de luy faire delaiſſer par Monſieur de Mantoüe, pour tous les droicts que Monſieur de Sauoye peut pretendre ſur le Montferrat, en proprieté la ville de Trin, auec quinze mille eſcus d'or de rente, de la meſme nature & qualité que lon luy auoit accordé les douze mille eſcus cy-deuant, & conſent, iuſques à ce que les choſes promiſes par ces preſentes ſoient effectuees, que Monſieur de Sauoye retienne tout ce qu'il tient du Montferrat, qu'il reſtituëra audit Duc de Mantoüe en meſme temps que ſa Majeſté luy remettra la Ville & Citadelle de Suze, & le Chaſteau de Sainct-François entre ſes mains, delaiſſant cependant toute liberté à Monſieur de Mantouë de jouyr des droicts qui ſe perçoiuent dans ce qu'il tient dudit Montferrat, fors & excepté de quinze mille eſcus promis par le preſent Traitté.

5 Sa Majeſté promet en outre, de n'entreprẽdre rien contre les Eſtats de Monſieur de Sauoye: & au cas que du coſté de Nice ou de Sauoye ſes armes euſſent fait quelque progrez, & occupé quelques places appartenantes audit Duc de Sauoye, de faire reſtablir toutes choſes comme elles eſtoient auparauant, & faire retirer ſes armes dudit pays.

6 Sa Majeſté donne encor ſa parole Royale, de defendre Monſieur de Sauoye & ſes Eſtats, contre qui que ce ſoit, qui voudroit pour raiſon du preſent Traitté ou autre pretexte, entreprendre ſur iceux à ſon preiudice: & pour plus grande ſeureté, ſa Majeſté & Monſieur de Sauoye ont conuenu de faire entr'eux & quelques autres Princes, vne ligue de la teneur portee par l'eſcrit, dont copie eſt demeurée ſignee entre les mains de chacune des parties pour le repos de l'Italie.

7 Leſdicts ſieurs Cardinal & Prince de Piedmont promettent faire ratifier les preſents articles à ſa Majeſté & à M. de Sauoye dedans demain. Signé, Armand Cardinal de Richelieu, & V. Amedeo.

Articles ſecrets.

1 A eſté accordé par cet article ſecret, qui aura la meſme

force que le Traitté qui a esté fait & passé aiourd'huy entre Monsieur le Cardinal de Richelieu pour le Roy, & Monsieur le Prince de Piedmont pour Monsieur le Duc de Sauoye, que sur la promesse que Monsieur le Prince de Piedmont fait au Roy, de faire entrer dans Cazal dedans le 15. du present mois mille charges de bled froment, & cinq cens charges de vin: aussi le Roy iusques audit iour quinziesme de ce mois, ne fera auancer ses troupes au delà de Buzolin: ce que sa Majesté a accordé à la priere de Monsieur le Prince de Piedmont, pour donner temps aux Espagnols de se retirer de deuant Cazal. Fait à Suze le 11. iour de Mars mil six cents vingt-neuf. Signé, Armand Cardinal de Richelieu, & V. Amedeo.

2 A esté accordé par cet article secret, qui aura la mesme force que le Traitté fait ce iourd'huy vnziesme du present mois de Mars par Monsieur le Cardinal de Richelieu pour le Roy, & par Monsieur le Prince de Piedmont pour Monsieur le Duc de Sauoye, que Monsieur de Sauoye pourra faire sçauoir à Dom Gonzalo, que sur la cognoissance qu'il a donnee au Roy, que l'intention d'Espagne n'a iamais esté de despoüiller Monsieur de Mantoüë de ses Estats, & qu'ils sont contens de retirer le siege de Cazal, & le laisser renuituailler, laissant Monsieur de Mantoüë libre possesseur des Estats de Mantoüë & de Montferrat; iusques-là mesmes qu'ils procureront, que dans vn mois l'Empereur donne à Monsieur de Mantoüë l'inuestiture de Mantoüë & de Montferrat, & des fiefs qui en dependent, moyennant que pendant ledit temps on mette des Suisses dans Nice de la Paille, qui declarent la tenir & garder en depost au nom de l'Empereur, auec serment & obligation toutefois de la remettre au bout dudict mois au sieur Duc de Mantoüë, ou à celuy qui sera enuoyé de sa part, soit que l'Empereur ait donné l'inuestiture ou non: Sa Majesté a consenti au susdit depost, & l'a asseuré qu'il n'auoit aucune intention d'attaquer les Estats du Roy d'Espagne son beau-frere, auec lequel il desire tousiours viure en amitié & mutuelle correspondance. Fait à Suze ledict iour vnziesme Mars 1629. Signé, Armand Cardinal de Richelieu, & V. Amedeo.

3 A esté accordé par cet article secret, qui aura la mesme force & vertu que le Traitté fait & passé ce iourd'huy, entre Monsieur le Cardinal de Richelieu pour le Roy, & Monsieur le Prince de Piedmont pour Monsieur le Duc de Sauoye, que bien que les villes d'Albe & Montcalue ne soient point specifiees par le Traitté, où il est parlé de la restitution des lieux que Monsieur de Sauoye occupe dans le Montferrat; neantmoins Monsieur le Prince de Piedmont demeure d'accord, qu'elles ne pourront estre comprises dans l'estimation de quinze mille escus d'or de rente, qui doiuent estre donnez auec Trin, ains de les restituer à Monsieur de Mantoüe, lors que la Ville, Chasteau, & la Citadelle de Suze, seront remis entre les mains de Monsieur de Sauoye. Fait à Suze le 11. Mars 1629. Signé, Armand Cardinal de Richelieu, & V. Amedeo.

4 A esté arresté & conuenu par ce present article secret, fait & passé le mesme iour que l'article cy-dessus transcript, entre sa Majesté & Monsieur le Duc de Sauoye, qu'au cas que ledict Gonzalo de Cordoüa ou le Roy Catholique contreuienne en aucune façon directement ou indirectement à ce qui a esté promis & traitté par le susdit article, ou que celuy qui sera dans Nice de la Paille pour l'Empereur, choisi par Monsieur de Sauoye, joindront leurs forces pour faire executer & reparer tout ce qui sera fait au contraire: mesmes Monsieur de Sauoye, au cas de contrauention au susdit article, a promis à sa Majesté de donner libre passage par ses Estats aux troupes de sa Maiesté pour entrer dans le Montferrat, & de fournir les Estapes necessaires pour leur nourriture, aux frais & despens toutesfois de sa Maiesté. En outre il a esté accordé par cet article, qui sera signé par sa Maiesté tres-Chrestienne, & par son Altesse de Sauoye, & qui aura la mesme force que le Traicté fait le 11. de ce mois, par Monsieur le Cardinal de Richelieu, pour sadite Maiesté, & par Monsieur le Prince de Piémont pour sadicte Altesse: sçauoir qu'ayans sadite Maiesté cogneu que l'intention du Roy Catholique n'a iamais esté de despoüiller Monsieur de Mantoüe de ses Estats; & que pour cet effect le sieur Dom Gonzalo de Cordoüa, Gouuerneur de Milan, a leué le siege de Cazal,

promettant de laisser ledit sieur Duc de Mantoüe libre possesseur de ses Estats de Mantouë & Montferrat, faisant à cet effect sortir promptement dudit Montferrat toutes les troupes qu'il y commande. Moyennant lesdites choses, sa Maiesté se contente que soient mis en garnison dans Nice de la Paille deux cens Suisses, qui y seront mis de ceux qui sont à present au seruice de Monsieur le Duc de Sauoye, lesquels presteront serment auec leurs Officiers & Commissaires de l'Empereur de tenir & garder en depost pour vn mois au nom de l'Empereur, ladite place, au bout duquel ils seront obligez par le mesme serment de remettre à Monsieur le Duc de Mantoüe, ou à celuy qui sera enuoyé de sa part, soit qu'il ayt ou non l'inuestiture de sa Majesté Imperiale, ladicte place de Nice de la Paille, comme aussi tous les villages qui sont entre Tenare & la Barmida, qui demeureront pour ledict mois en mesme depost que ladite place. Signé comme dessus.

Promettant aussi ledit sieur Gonzalo qu'il n'attentera aucune chose contre les Estats de Mantouë & de Montferrat, au preiudice du sieur Duc de Mantouë: Et que dans six sepmaines il fournira de la ratification du present Article du Roy Catholique, auec vne promesse dudict Roy de ne rien faire entreprendre à l'aduenir qui puisse troubler ledit sieur Duc de Mantouë en la possession des Duchez de Mantoüe & de Montferrat. Sa Majesté asseurant aussi ledit Gonzalo, qu'elle n'a ny a eu aucune intention d'enuahir ny endommager les Estats de sa Maiesté Catholique, ains qu'elle desire viure auec elle auec toute sorte d'amitié & bonne correspondance, donnant à cet effect sa parole Royale, de n'attaquer point ses Estats, ny des Princes ses confederez; ains seulement d'assister ses alliez.

Ce Traicté ayant esté fait le dixiesme Mars, la Citadelle & fort de Gelasse furent remis à Rodicq, l'vn des Capitaines du Regiment des Gardes Suisses du Roy, le douziesme Mars: & le lendemain sa Maiesté vint loger auec partie de son armee à Suze, & le reste à Chaumont, Iaillon, Montpensier Mauue, & lieux circonuoisins. Le Duc de Sauoye vint voir le Roy à Suze, le Prince de Piedmont y fit plusieurs voyages,

Madame y demeura pendant le sejour de sa Majesté.

L'armée souffroit faute de viures, ceux qui en auoient entrepris la fourniture, combattus de l'injure du temps, & de la difficulté des chemins; ioinct à cela le peu d'experience qu'ils auoient en cet art, les fit troubler dans ce manquement, qui retardoit le secours de Cazal: ce qui donnoit de l'impatience au Roy, & luy fit tourner route, & penser aux moyens de faire subsister son armée, & la fournir de viures. On commanda au sieur d'Hemery d'en prendre le soin & d'y pouruoir: ce qui fut fait en sorte, que l'armée ne pouuoit plus patir: & ainsi on aduisa à tout ce qui estoit iugé necessaire pour faire leuer le siege de Cazal. Cependant Dom Gonzales craignant les armes du Roy, fit offrir par le Duc de Sauoye de leuer le siege: Ceste proposition estant entre les mains du Duc, luy, qui par tout n'auoit autre obiect deuant les yeux que ses interests, prit ceste occasion pour garentir ses Estats du passage des trouppes le dudit mois de Mars, comme il se voit cy-dessus, il fut conuenu, que Dom Gonzales leueroit ledit siege de Cazal, & retireroit les Armées du Roy d'Espagne son Maistre du Montferrat, & des places qu'il tenoit, auec promesse de ne iamais rien attenter contre les Estats de Mantouë, directement ou indirectement, & en rapporter la ratification du Roy son Maistre.

En execution de ce traicté Dom Gonzales retire ses trouppes du Montferrat, & à ce subiect les Italiens firent dirent à Pasquin & Marfore.

Pasquin à Rome, apres le siege leué de Cazal, 1629.

IL Rè di Spagna, si è fatto frate & hà votato lobedienza al Rè Christianissimo ritirandosi per commendamento suo dall'assedio di Casale: la pouerta sotto gli Hollandesi che gli hanno plgliate li sue flotte: & la Castita sotto il Duca di Sassonia, il quale ha impedito la perpetuatione dell' Imperio nella casa d'Austria.

Marfore à Rome en mesme temps.

Il Signor Dom Gonzales, si e fatto frate Zoccolante, per disperatione, & ha fatto li tre voti, di Castità, pouertà, & vbbidienza: la castita di Casale non tomada: la pouerta di Milano per la sua casa: & l'ubbidienza al Re di Francia per forza.

Et en suitte publierent ces vers:

Sur Cazal non pris.

SONNET.

Che vi pare ò Spagnoli, ò forte Duca
Poi che resoluto ha Dom Gonzale
Con tota gente di tomar Casale,
Ma questa volta gli è riuscita buca.

Ma diam' che Francia inanzi si conduca
La terra forsi quel gerrier Reale
Che Sferzandoui il cul con vn Stinale
Dal fuggir del rumor lui vi riduca.

Ma per l'amor di Christo, chi à causato,
Che questa clementissima corona,
Venga in Italia, & vicena vn Ducato?
Vuol sol che possa dir ogni persona,
Spagna sotto pretesto simolato
Rubba gli stati altrui, Francia gli dona.

Sur la leuée du siege de Cazal.

SONNET.

Horsu, via dalle bande, à la Signori
Ecco spiegar à vento le bandiere.
Et in ordinanza caminar le schiere
O che magnificenza, ò che splendori.

Udite infra il nitrir de' corridori,
Con tamburi sonar le trombe guerriere,
Mirate suentolar le pennachiere:
O Dio che marauiglia, e che stupori!

Guardate quel Signor come va leste.
Come caualia ben su la gianetta,
Fatteli tutti quanti di berretta.

Et se alcun' chiede che rumore è questo
Gli rispondete, è il Signor di Gonzales
Che retira la genti di Casale.

Autre SONNET.

Ardete o fuochi à preparar metalli,
Et voi [illegible] vitali, itene pronti,
Ite di Paro à suiscerar i monti,
Per malzar Colozzi al Re dè Galli.

Vince linuitta Rocca & de' vassalli
Spezzo gli orgogli alle rubelle fronti:
Et machinando dinusitati ponti
Die fuga à mari, & gli conuersi in valli.

Volò quindi sull' Alpi, & il ferro strinse,
Et con mano d'Astrea, gli alti litigi
Temuto solo & non veduto estinse

Ceda le palme pur Roma à Pariggi,
Che se Cesare venne, vidde, & vinse;
Venne, vinse, & non vidde il grand' Luigi.

Or n'estant plus question que du rauitaillement de Cazal, le Duc de Sauoye se chargea de le faire, & d'y mettre dans le mois d'Aoust dix mil sacs de bled, & autres viures à proportion, iusques à la valeur de six vingts mil escus. Le Roy seiourna à Suze, en attendant que Cazal fust rauitaillé; le secours sans cela estoit inutile, & Cazal plus en peril qu'auparauant: mais quelque charge, & quelque promesse que le Duc de Sauoye eust faite, il tiroit tousiours en longueur ce rauitaillement.

Ce que voyant sa Majesté, & que retirant ses armes le Duc ne voulust se ressentir de ce qui s'estoit passé à son desauantage en la perte de Suze, nommément que dés long-temps il faisoit croire aux Princes d'Italie qu'il en tenoit la clef; aussi que les trouppes du Roy d'Espagne estans retirées dans le Milannois; Sa Majesté prit resolution de ne point retirer son armée que Cazal ne fust en seureté, & enuoya au Montferrat les Regimens de Riberac, Villeroy, la Grange, & Montchat, & les compagnies de cheuaux legers, commandées par les sieurs de Thoiras, Brissac, Baron de Canillat, Couruou, Maugeron, & Meigneux : & ledit sieur de Thoiras pour commander les trouppes, qui passerent sans difficulté, le Duc de Sauoye leur fournissant estappes & viures.

Les Espagnols & le Duc de Sauoye estoient si foibles pour lors, & en telle apprehension, qu'ils tesmoignoient vouloir accorder tout ce que le Roy voudroit.

Il sembloit estre tres à propos d'entreprendre lors la guerre d'Italie, iusques à ce que l'Empereur eust donné inuestiture au Duc de Mantouë; celuy de Sauoye offrant de ioindre ses armes à celles du Roy, & d'aller luy mesme en personne au Milannois, où il y auoit peu de gens de guerre, de viures, & d'argent : & le peuple lassé du joug des volontez des principaux alienez à la domination d'Espagne, aussi bien que la Republique de Gennes. Et de la part de sa Majesté l'incommodité des viures n'estoit plus à craindre, le Duc de Sauoye se ioignant à elle, & estoit aisé pour lors d'empescher le progrez de la faction de ceux de la Religion pretenduë reformée en Languedoc, laissant seulement six mil hommes en ceste Prouince pour les tenir en deuoir. Plusieurs auoient grande inclination à ceste entreprise d'Italie, presentans que l'Empereur, le Roy d'Espagne, & le Duc de Sauoye rechercheroient les occasions de rompre le traicté de Suze, & prendroient le temps de se venger de ce qui s'estoit passé à leur desaduantage; ce qui les tenoit bien fort au cœur. Mais ce dessein fut diuerty par vne raison contraire, il falloit guerir le mal intestin, & se tirer l'espine

pine de la rebellion du cœur de l'Estat, auant que d'entreprendre vne guerre estrangere.

On ne pensoit plus qu'à asseurer Cazal en ce temps : & le iour d'Auril 1629. fut faite vne ligue entre le Pape, le Roy, & les Venitiens, les Ducs de Sauoye & de Mantoüe, à condition que chacun deuoit fournir des hommes pour la deffence des Estats de celuy qui seroit attaqué. La ligue fut dressée & escrite és termes suiuans.

L'oppression faite par les Espagnols au Duc de Mantoüe ayant contraint le Roy de quitter ses affaires propres, pour venir en personne auec trente-cinq mil hommes de pied, & trois mil cheuaux secourir ledit sieur Duc, ainsi qu'il y a esté conuié par plusieurs Princes de la Chrestienté, & particulierement par ceux qui tiennent les principaux Estats d'Italie, qui reciproquement luy ont promis d'y concourir de leur part auec leurs forces & leurs armes :

Sa Saincteté, le Roy, & la serenissime Republique de Venise vnis pour le secours dudit sieur Duc, sans autre interest que de proteger leurs alliez, & procurer le repos de l'Italie, & de toute la Chrestienté ; considerans qu'il ne suffit pas d'vnir presentement leurs armes pour le secours des Estats dudit sieur Duc de Mantouë : mais qu'il est du tout necessaire d'empescher qu'à l'aduenir il ne puisse plus arriuer de semblables inconueniens au preiudice de la seureté de tous les Princes, & de la paix de la Chrestienté, ont estimé du tout important de faire ligue & vnion perpetuelle entre eux & ledit sieur Duc de Mantoüe, selon la conuention des articles suiuans.

Ils sont tous tenus & obligez, au cas que l'vn d'eux fust offencé hostilement en ses Estats, par qui que ce puisse estre, & notamment par la Maison d'Austriche, en consequence de la presente vnion & prise d'armes, ou autre cause, d'employer leurs forces pour la deffence l'vn de l'autre, & de n'abandonner iamais la deffence de celuy qui sera attaqué, iusques à ce que l'hostilité cesse entierement.

En ce cas sa Saincteté contribuera huict mille hommes de pied, & huict cens cheuaux.

Le Roy vingt-mille hõmes de pied, & deux mille cheuaux.

La Republique de Venise quinze mille hommes de pied, & quinze cens cheuaux.

Et ledit sieur Duc de Mantoüe cinq mil hommes de pied, & cinq cens cheuaux.

Et au cas que la France fournit vne plus puissante armée, comme elle fait en ceste presente occasion, les colliguez fourniront aussi des forces plus puissantes au prorata du pied que dessus.

Toutes lesquelles trouppes seront entretenuës & fournies de toutes choses necessaires, comme viures, artillerie, & munitions de guerre aux despens de ceux qui seront tenus de les mettre sur pied ; & ce tant & si longuement que l'hostilité durera, & iusques à ce que celuy qui sera attaqué soit remis en l'Estat où il est à present.

Que s'il n'estoit pas besoin d'vn si grand nombre de gens de guerre pour l'effect qui sera requis, chacun des susdits colliguez diminuera le nombre qu'il doit fournir, au prorata l'vn de l'autre, & ce par vn commun consentement.

Et afin que celuy d'entr'eux qui seroit attaqué soit plustost secouru, ceux qui en seroi t proches luy fourniront sans delay toute l'assistance qu'ils pourront, à raison des choses cy-dessus specifiées, d'hommes, de viures, artillerie, munitions de guerre, & argent, sans attendre le secours de ceux qui en seront plus esloignez ; lesquels neantmoins seront tenus de contribuer auec toute la diligence possible ce à quoy ils sont obligez.

Et s'il arriue qu'au progrez de leurs armes prises pour leur conseruation commune, ils soient contraints de conuertir leur deffence en attaque, & qu'en ce cas ils conquierent quelques places ou quelques Estats, le partage sera fait entr'eux, selon qu'eux mesmes, ou la plus grande part d'eux trouueront raisonnable, ayant esgard à ce que l'vn plus que l'autre y aura contribué.

Et afin que ceste presente vnion, fondée sur des causes si iustes & si importantes à la tranquillité publique, soit d'autant plus considerable, & puisse mieux paruenir à la fin de son institution, qu'elle sera composée d'vn plus grand nombre de Princes & Potentats, les colliguez inuiteront les autres Princes qui y ont vn interest commun, d'y entrer le plus promptement & efficacement qu'il se pourra : en laquelle confederation ils seront receus dans six mois, aux conditions de contribuer à la susdite fin, au prorata, selon qu'il en sera arresté.

Le Roy d'Espagne ayant eu l'aduis de ceste ligue, qu'il iugeoit preiudiciable à ses desseins, vsa de tous les artifices ordinaires pour l'empescher: il en fit mesme parler au Senat de Venise par son Ambassadeur, dans vne Audience extraordinaire, és mesmes termes cy inserez, bien que sans effect.

Harangue faite par l'Ambassadeur d'Espagne au Senat de Venise, sur les affaires & guerres d'Italie.

SErenissime Prince, Seigneurs Excellentissimes,

Le Roy mon Seigneur m'a cõmandé de faire voir & dire à vostre Serenité, qu'il a pris les armes par ordre & volonté de l'Empereur (auquel il est obligé, par les raisons du sang & d'amitié, & à cause des fiefs qu'il tient du sainct Empire) afin que le Duc de Neuers demeure dans le respect & l'obeïssance qu'il doit à sa Majesté Imperiale. Ce que le Roy mon Maistre a commandé au Gouuerneur de Milan d'accomplir auec des forces si moderées, qu'elles puissent bien suffir pour seruir l'Empereur: mais non pas pour donner de la ialousie aux Princes d'Italie, ny les faire craindre que son dessein fust d'aggrandir ses Estats, & d'enuahir ceux d'autruy. Conformément à ce que ie dis, il a fait entendre aux Nonces de sa Saincteté, & à vostre Ambassadeur residens en Espagne, que pourueu qu'aucune puissance grande & souueraine ne se declare pour le Duc de Neuers, il n'augmentera ses trouppes, & ce seulement pour asseurer les esprits inquietez de ces soupçons: & a voulu que ses Ministres publiassent par tout les mesmes choses.

Le desir que le Roy mon Maistre a de la paix d'Italie, & la sincerité de son ame saincte, ont mis sa reputation en eschet, & ont produit des effects si contraires à ses intentions, que le Roy de France le voyant desarmé, a pris la hardiesse d'enuahir l'Italie, & d'y porter ses armes; & couurant ses particuliers desseins du pretexte de donner secours au Duc de Neuers, a entrepris de forcer les portes de l'Italie, sans auoir esgard qu'en ce mesme temps le sieur de Botru estoit en Espagne, de la part du Roy de France, sollicitant le Roy mon Maistre, que tous ces differends se vuidassent à l'amiable, ce que l'on luy auoit accordé.

Ie n'ennuyeray point vostre Serenité, & vos Excellentissimes Seigneuries, à rapporter les suittes de ceste guerre, dont elles sont plainement instruites. Ie diray seulement, que l'on a enuoyé au Roy mon Maistre certains articles sur l'estat des affaires presentes: mais n'estant point chose qui le touche en son particulier, & n'ayant point leué les armes pour ses propres interests, il n'en a point voulu prēdre aucune cognoissance, mais seulement il a fait publier vn manifeste signé de sa main, par lequel il declare & promet, que pour le plus grand bien de la Chrestienté, & pour la paix d'Italie, qu'il a tousiours affectionnement desirée & recherchée, il n'entreprendra rien qui puisse empescher le Duc de Neuers de prendre possession de ses Duchez de Mantoüe & de Montferrat; que pareillement il n'attaquera les Estats du Roy tres Chrestien, ny des Princes ses alliez, à la charge que sadite Majesté tres-Chrestienne fasse le mesme de sa part, & retire ses trouppes de Suze, de Montferrat, de Piedmont, & d'Italie, & de ce il en dōne toutes les asseurāces possibles, & le certificat par sa foy, & sur sa parole de Roy.

C'est ce que le Roy mon Maistre m'a commandé de dire de sa part à vostre Serenité. Auquel commandement bien que i'y peusse satisfaire en le declarant ainsi simplemēt; neantmoins l'inclination particuliere que i'ay au repos public, & l'affection speciale enuers ceste Prouince & cet Estat, où i'ay receu tant d'honneur, & où Dieu m'a donné tant de fils Venitiens de naissance, m'obligēt de parler plus au lōg de ceste affaire. C'est pourquoy ie m'estendray vn peu dauantage, & diray à V. S. que la surprise, la fortification, & la detention de Suze ont blessé la patience de l'Empereur, les Ministres de France ayans declaré qu'ils ne la rendroient point, que l'Empeur n'eust aupreala-ble donné au Duc de Neuers l'inuestiture des Duchez de Mantoüe & de Montferrat. Violence si extreme, que l'Empereur, ny l'Empire ne la peuuent, ny ne la doiuent pas souffrir.

De plus lon fait coure le bruit, & lon dit par tout que les asseurances que les François ont eu d'estre assistez des armes & forces de ceste Republique, leur ont fait entreprendre ces superbes desseins. Et bien que ie ne le puisse croire, à cause que la pieté & prudence de ceste Republique a grand interest que les Estats d'Italie soient possedez par des Princes Italiens, & que telle est la volonté de l'Empereur, & du Roy mon Maistre, lesquels ont vn soin particulier du repos, & perpetuel du bien de ceste Prouince, laquelle depend seulement de l'Empereur, & du Roy mon Maistre, & des Princes naturels.

Neantmoins i'ay pensé de faire voir à vostre Serenité, que si cela est, & qu'il se fasse par vostre Serenité quelque petite opposition & quelque moindre resistance à l'Empereur, sur la cognoissance & decision de la succession de ses fiefs, que ce sera degenerer de l'ancienne prudence de ses predecesseurs, lesquels ont tousiours fait estat & affectionné les ordres de la Iustice. Ie n'ay besoin de prouuer cecy à vostre Serenité: la pratique de ses deuanciers luy pouuant seruir de suffisante instruction, lesquels ne s'opposerent point quand l'Empereur Charles Quint, (non pas en vne translation d'Estat d'vne branche à vne autre, cõme celle qui se fait auiourd'huy par le decez du Duc Vincent; mais seulement en la succession du pere à la fille de Marguerite Paleologue femme du Duc de Mantouë,) les choses estans en differend pareil que celuy d'auiourd'huy, euoqua l'affaire à soy, & s'en reserua la possession, & puis prononça sur le fonds en faueur de ladite Marguerite, sans que iamais ceste serenissime Seigneurie s'interessast en rien durant ces troubles.

Elle ne s'interessa point encore en la guerre de Paul IV. que fit le Roy mon Maistre, encore que l'Ambassadeur de vostre Serenité demeurast deux ans sans auoir aucune audience dans Rome, & iusques à ce que le Pape eut offert en faueur de sa declaration, le Royaume de Sicile & la coste de la Pouïlle. De façon que vostre Serenité, bien qu'elle veist le Pape & le Roy de France fort embroüillez és affaires d'Italie, iamais ne fit autre responce, sinon qu'elle esperoit que sa Saincteté donneroit la paix en Italie.

En fin elle ne s'interessa point ny forma opposition à l'inuestiture de l'Estat Milanois, donné au Roy Dom Philippes II. Prince tres-puissant; encor que les François s'en meslassent bien fort, & ce pour empescher auec iniustice que les Patrons d'vn fief d'Espagne disposassent d'iceluy.

Serenissime Prince, & vous Seigneurs Excellentissimes, quand i'ay eu l'honneur de parler à vostre Serenité, ie l'ay tousiours asseuree de la sincerité & de la saincte volonté du Roy mon Maistre, & que toutes & quantes fois que vostre Serenité voudra rentrer dans ceste estroitte alliance & intelligence qu'elle a euë auec ses ayeuls, il aura tousiours les bras ouuerts pour l'embrasser affectueusement, bien qu'il ne l'ait iamais recherché pendant ses disgraces & desaduantages; mais plutost pendant les mauuaises fortunes de vostre Republique. Comme entre-autres il me souuient du temps & de l'Estat de la paix de Monçon, & encor du temps & de l'estat present & de cette grande esmotion de l'Alemagne, laquelle (si ie suis bien entendu) me seruira deuant Dieu & deuant les hommes de fondement à la iustification des actions du Roy mon Maistre.

Et pour confirmer ce que ie dis, ie supplie vostre Serenité & ces excellentissimes Seigneurs, de ietter les yeux dedans vos Histoires, où ils trouueront tant de faueurs & de bienfaicts receus de la Maison d'Austriche & de Castille, qu'ils ne permettront iamais que l'on se departe de la bonne amitié & vnion qu'il y a euë entre ceste Republique & ces Maisons.

Ie ne veux point employer le temps pour faire voir à vostre Serenité par des anciens exemples la verité de ce que ie dis; ie passeray à des plus modernes: Et premierement, le Roy mon Seigneur, Ferdinand le Catholique, d'heureuse memoire, assista cet Estat auec de puissantes forces durant les guerres qu'il eut contre le Turc, & ce sans autre interest d'Estat, que pour auoir l'honneur de soustenir par sa puissance vostre Republique; le bouleuart de l'Italie & de la Chrestienté, contre les fureurs de ceste barbare nation. Vostre Serenité est vn viuant tesmoin de cette verité, laquelle iouyt du Domaine de l'Isle de Cephalonie par donation purement gratuite de ce mesme Roy qui l'auoit conquise. Car encor qu'il y en eust d'autres qui en pretēdissent la proprieté: neantmoins le Roy mon Seigneur la remit entre les mains de vostre Serenité, iugeant que c'estoit le plus grand bien de la Chrestienté, & qu'elle en pourroit tirer de l'aduantage; qui est le seul but & vnique desir de mon Prince.

En second lieu, vostre Serenité se souuiendra du temps du mesme Ferdinand, & du Pape Iule second: Et combien d'instances & de menees fit le Roy de France enuers le mesme Ferdinand, pour le faire entrer en ligue contre vostre Republique; le François ne se iugeant pas assez puissant pour vous perdre sans ses armes. Mais il ne voulut iamais entendre à cette vnion, & si ce n'estoit point qu'il fust en rien necessité à ce refus : car tant s'en faut, il auoit lors quelque sorte de mécontentement, n'ayant sceu obtenir la restitution de ses places de la Poüille, quelque instance qu'il en eust fait faire par ses Ambassadeurs à vostre Serenité. En suitte de ce, le Traicté de Cambray aiant esté fait, & ayant recouuert ses places, il ne desira iamais la ruine de ce serenissime Estat comme les autres Princes ; tant s'en faut, il resolut de l'assister & le maintenir. Comme de fait il arriua, puisque se retirant de la ligue formee contre vostre Serenité, elle recouura tout ce que les François auoient gagné sur elle en terre ferme, & se garentit de leur fureur preste, non seulement d'emporter toutes ses places, mais mesme d'exterminer le nom Venitien. Vostre Serenité pourra voir les Harangues & discours faits alors par l'Ambassadeur de France à l'Empereur Maximilian & autres Princes Chrestiens, pour les obliger à la ruine de cet Estat, cōme l'ennemy commun, la source de tant de maux suruenus à la Chrestienté, & la seule cause de la perte de l'Empire Grec, & infinies autres miseres.

Le Cardinal de Rouan fit paroistre ce mesme esprit qu'ont les François à la ruine de cet Estat, lors qu'à Trente il se ioignit à l'Empereur Maximilian & à tous les Ministres des autres Princes, & publia que la Noblesse dont est composé & formé le Corps de cet Estat, estoit semblable à l'Hydre, que quand lon en auroit couppé vne teste, il en naistroit d'autres qui troubleroient toutes les Principautez du Christianisme. Iamais les Officiers & subjets de mon Roy n'ont publié ces inuectiues contre vostre Republique ; tant s'en faut, ils ont tousiours & parlé d'elle & escrit auec grand respect, encor que souuent lon tienne icy des discours fort desaduantageux contre mon Roy.

En troisiesme lieu, ie suplie vostre Serenité de consider le secours que luy apporta l'armee du Roy Philippe II. mon Maistre, les grandes despenses qu'il fit en faueur de cete ville, la ligue où il entra auec Pie Quint, laquelle desgagea l'Isle de Candie du danger où elle se trouuoit, & ceste Republique mesme affoiblie par la perte de l'Isle de Chipre suruenuë peu auparauāt. Car apres la desroute de l'armee Turquesque à Iauarin, ny iamais depuis, le grand seigneur n'a entrepris rien au desauantage de la Chrestienté ny de cet Estat : Mais si lon ne se fust opposé à sa grande puissance & au cours de ses victoires, non seulement il se seroit saisi de Candie, mais de ceste ville-cy mesmes.

Vostre Serenité se persuade-elle, si les François auoient enuahy les terres & seigneuries que le Roy mon Maistre tient en Italie, de pouuoir viure en paix & tranquilité comme elle a vescu le siecle passé, sans que iamais lon ait entrepris d'vsurper sur elle vn pied de terre?

Il me semble entendre dire à vostre Serenité, que non seulement elle croit ce que ie dis; mais mesme que l'experience luy a appris la verité : parce qu'en ce peu de temps que les François obtindrent l'Estat de Milan, & quasi en vn clin d'œil, ils prirent sur cet Estat, Bresse & Bergame: & se saisirẽt non seulement de ce, où leurs pretentions les poussoient; mais pousserent leurs conquestes là où leur puissance pouuoit atteindre.

Il me fut dit il y a quelque temps, que ceste Republique auoit quelques ombrages & ialousies qui luy donnoient de l'inquietude: i'en ay voulu sçauoir l'origine & les raisons. Enfin par la pratique & par les memoires que i'ay veus entre les mains des Ministres & Ambassadeurs de vostre Serenité, i'ay apris que la racine de ses apprehensions & mescontentemẽts estoit la paix que le Roy mon Maistre fit auec Henry quatriesme Roy de France, laquelle obligea vostre Serenité à faire ligue auec les Grisons. En suitte dequoy le Roy mon Maistre par le conseil du Roy de France, ayant fait bastir le fort de Fuentes & ne l'ayant voulu faire demolir, c'est ce qui a donné ce grand mescontentement à cet Estat; vostre Serenité le peut apprendre des memoires de ses Ministres. Cela me dispensera de l'en entretenir plus long-temps. De là sont procedez les maux qu'a enduré ceste Prouince d'Italie, sans qu'en tout cela neantmoins le Roy mon Maistre ait eu autre dessein, que d'asseurer ses Estats qui estoient enuiés par ses voisins. Et si le Roy mon Maistre eust eu quelque dessein de s'accroistre, & ambition d'augmenter ses Estats; n'auroit-il pas retenu Gennes quand il la desengagea de l'oppression des François? N'auroit-il pas differé le Iugement de Montferrat, lors qu'il le tenoit en depost? N'auroit-il pas infeodé Gennes lors qu'il la possedoit? N'auroit-il pas retenu la Citadelle

delle de Plaisance, luy en estant le Maistre & y tenant dedans vne Garnison Espagnole? Auroit-il laché la Citadelle de Liuorne quand il la tenoit? Nonplus que la Citadelle de Cazal, laquelle a esté bastie des deniers de la Chambre de Milan, & gardee par des Suisses leuez & payez par Philippes second; de laquelle neantmoins (attendu la Paix & la tranquilité d'Italie) il fit sortir toute la Garnison, du temps que le Duc de Terre Neufue estoit Gouuerneur de Milan. En fin quand il a occupé la Valteline ne pouuoit-il pas se la reseruer, comme membre & ancien Domaine de Milan? Il ne l'a pas neãtmoins desiré ny ne le desire pas encore; tant s'en faut, du temps mesme que le Roy de France estoit dans le fort des troubles ciuils & intestins, il l'a abandonnee par le Traitté de Mouçon, n'ayant retiré autre faueur de ses armes & de ceste prise, que de remettre l'exercice libre de la Religion Catholique en ceste vallee, comme il auoit tousiours desiré.

Ie vois le repos public de cette Prouince troublé par la descente des Allemans en Italie, & vostre Serenité dans vne necessité d'affaires qui meritent bien d'y penser. Certes ie serois marry en ceste occasion de la voir degenerer de la prudence ancienne de ses deuanciers, en prenant party auec les François, & s'embarquant és Tartanes Françoises, qui pour leurs interests particuliers la lairront dans les bourbiers de sa ruine, comme ils firent és annees passees au Traitté de Mouzon, & l'exposeront à la boucherie pour la tenir tousiours en subiection, & pour l'obliger de les assister durant leurs necessitez des tresors de cet Estat, & sans se soucier de la reputation de ceste Republique; mais seulement de paruenir au comble de leurs desirs.

Mais en effect, ie ne vois pas ceste Republique en estat de rien hasarder, & ne me persuade point qu'elle le doiue faire; parce que quand bien Mantoüe & Cazal seroient tombez non seulement és mains de l'Empereur, en faueur duquel elles sont assiegees, mais en celles mesmes du Roy mon Maistre: Vostre Serenité doit se confier si fort en sa clemence & bonté, conformément aux rares exemples que i'ay rapportez, qu'elle doit s'asseurer, que comme autrefois l'on a fait retirer ses Garnisons de cette place, lon le fera encor à present si-tost que l'Empereur aura rendu son Iugement & remis le bien és mains de son legitime seigneur.

Et ne faut pas que les François embarassent l'esprit de Serenité, en luy representant nos incõmoditez prouenuë nos flottes perduës; le manquemẽt d'argẽt & les Estats du mõ Maistre espuisez. Ce sont contes & erreurs, il est plus de ietter l'œil sur ses forces propres que sur les foiblesses d truy. Vostre Serenité peut considerer que les Princes m dres que le mien, & qui ont des subjects moins riches & flottes, trouuent bien des deniers en semblables rencont Comment donc peut-on croire, que ceux qui ont tant flottes, tant de peuples & d'Estats, comme l'Empereu mon Maistre, puissent iamais se trouuer en necessité d'arg

C'est vn autre pareil erreur, de penser que lon puisse iar rompre la liaison du sang de l'affection, de l'obligation & propres interests qui se trouuent entre ces deux grandes p sances & qui les tient inuiolablement vnis, le Roy mon M stre ne pouuant manquer à l'Empereur qu'il ne manque à mesme.

Il n'y a rien si dangereux que l'appel, le secours & les in dations des peuples estrangers. Ceste ville est vn testimo public d'vne descente des Allemans: L'Espagne d'vne in dation des Gots qui la depeuplerent de ses naturels: L'A gleterre des Anglois: La France des François: La Lomb die de Lombards, & tant d'autres Prouinces. Dieu vue que ie sois mauuais prophete, & que les choses que ie cra n'arriuent point. Mais si la diuine bonté, la prudence de stre Serenité & la pieté de mon Roy n'apportent du rem aux inondations de ces armees estrangeres: Ie preuois grande ruine d'Estats, ainsi qu'il est arriué en Allemagne, p que les deux tiers des Estats sõt tenus par les armes estrãge

Or sus Serenissime Prince, & vous Excellentissimes S gneurs, m'asseurant que ie receuray toute sorte de conten ment de vostre confidence & amitié: Ie suplie vostre Sere té de ne point obliger l'Empereur (lors qu'il la verra s'inte ser dans l'opposition de son auctorité, iustice & puissance) dire, Iusques à quand abuseras-tu Catiline de ma patienc

Les forces du Roy d'Espagne estants encore dans le M lannois, celles de Sauoye dans le Piedmont, le renuitail ment de Cazal estant peu aduancé, la ratification du R d'Espagne des Traittez faicts auec Gonzalles n'ayant point esté encores fournie, le Roy resolut d'entretenir des gens de guerre à Suze, iusques à ce que ces choses fussent executees, comme elles deuoient estre suiuant le Traicté du deuxiesme Mars.

Le sieur de Chasteau-neuf fut enuoyé Ambassadeur pour le faire sçauoir au Duc de Sauoye, & luy donner aduis de la Paix d'Angleterre.

N'y ayant plus rien à faire qu'à attendre que les bleds fussent entrez dans Cazal, le Roy partit de Suze le 28. Auril, pour s'en aller au siege de Priuas dans le Viuarests; les Regimens de ses gardes Suisses & Françoises le suiuirent. Monsieur le Cardinal de Richelieu & le reste de l'armee demeurerent à Suze, iusques à ce que Cazal fust renuituaillé. Il pourueut pendant son sejour aux deux Commissaires pour la liquidation des quinze mil escus de rente, qui deuoient estre donnez au Duc de Sauoye, suiuant le Traicté de Suze. Seruient Maistre des Requestes, fut nommé de la part de sa Majesté: le President Bonnet, de la part du Duc de Sauoye: le President Grisel de celle de Mantouë. Cela fait, il partit de Suze le 25. de May, & toute l'armee du Roy, excepté les Regimens de Nauarre, Sault, Vaubecourt, la Bergerie, la Rochefoucault & Pompadour, qui demeurerent pour la garde de la place.

Le Mareschal de Crequi fut ordonné pour commander ces troupes, le Marquis de Villeroy Mareschal de Camp, le sieur de Vertamont Intendant de la Iustice, & le sieur d'Hemery Intendant des finances, & pour auoir le soing des viures.

Le Mareschal de Crequi eut charge de viure en bonne intelligence auec le Duc de Sauoye, de rendre tous les respects à Madame la Princesse de Piedmont, de pouruoir à la seureté de Suze, en faisant vn retranchement autour de la ville: Et sur tout de faire amas de viures pour faire subsister les troupes qui demeuroient en Italie, & principalement pour la Garnison de la Citadelle de Suze & du Chasteau de Gellasse.

Depuis que ledict sieur Cardinal se fut retiré de Suze, il ne se passa rien iusques aux nouuelles que l'on receut de la descente des troupes Imperialles au passage des Grisons, & de la surprise de Couëre. On trauailloit durant ce temps à faire le retrenchement autour de Suze, pour se garentir plustost d'vne surprise que d'vn siege. Les Commissaires procedoient à l'estimation des terres du Montferrat, pour faire le partage auec plus de cognoissance, & assigner les quinze mil escus accordez par le Traitté de Suze.

Ceste descente des troupes de l'Empereur en Italie fut vn coup de vengeance qu'auoit proiecté le Duc apres la prise de Suze, duquel affront il ne se pouuoit remettre; & ce qui l'obligea encor de se reioindre de nouueau aux Espagnols, fut qu'on ne voulut point entendre à l'attaque du Milannois, qu'il auoit proposee à Suze. Voyant que iointe à la France il ne pouuoit faire aucun progrez dans le Montferrat ny dans l'Estat de Milan, & doutant de la restitution de Suze, il creut que l'occupation des passages des Grisons estoit vn moyen pour faciliter cette resolution.

Au mesme temps on receut la ratification du Roy d'Espagne, des Traictez faits par Gonzallez de Cordoüa, auec cette condition neantmoins que les François sortiroient d'Italie.

Ces nouuelles surprirent fort le Roy, & firent bien iuger que l'affaire d'Italie n'estoit pas accommodee. Le Mareschal de Crequi receut commandement de sa Majesté d'aller vers le Duc luy faire entendre de la part de sa Majesté, que la descente des troupes Imperiales, desquelles elle ne faisoit nulle distinction d'auec celles d'Espagne, estoit vne infraction au Traicté de Paix qui auoit esté faict à Suze, pour l'execution duquel le Duc estoit obligé de parole & par escript, & pour ses interests, de ioindre ses armes à celles de sa Majesté; Que ceste descente estant suruenuë il s'y deuoit declarer.

Les armes du Roy estoient lors victorieuses dans le Languedoc, qui trauailloient fort l'esprit du Duc; & neantmoins ses paroles ne faisoient pas iuger qu'il voulust prendre party. Il feignoit, quoy que bien informé, de ne sçauoir rien que par bruit commun de ce qui s'estoit passé aux Grisons: demãde tẽps pour s'en informer, pour dépescher vers l'Empereur & ses Ministres, afin d'apprendre ce qui estoit de leurs intentions; & apres qu'il seroit instruit, donner contentement au Roy. Les depesches de sa Majesté au Mareschal de Crequi pressoient pour le faire declarer & se preparer deslors à ioindre ses armes à celles que sa Majesté pretendoit faire passer de Languedoc, ou toutes choses alloient à la paix.

Les armes de l'Empereur, celles du Roy d'Espagne, & les siennes mesmes n'estoient pas assez puissantes pour s'opposer à celles du Roy, si elles fussent passées.

Le Duc fort empesché ne sçauoit à quoy se resoudre: mais estant suruenu d'autres affaires, qui firent retourner le Roy à Paris: par ce voyage preuoyant que les trouppes du Roy seroient diuisées, le Duc & les Espagnols creurent deslors que sa Majesté perdoit la pensée d'Italie; comme de fait elle n'a-üoit plus de dessein d'y retourner.

Et neantmoins, comme on estimoit ceste resolution secrette, sa Majesté ne laissoit pas de presser le Duc de se declarer; & se promettoit que l'incertitude du retour de son armée obligeroit le Duc de satisfaire à ce qu'il auoit promis. Mais ayant sçeu le dessein du Roy, il ne donnoit que des responces ambiguës, & rien de certain dont on peust faire estat: iusques à ce que voyant sa Majesté partie, & son armée separée, il dit au Mareschal de Crequi, que la condition de la sortie des trouppes Françoises de l'Italie que demandoit le Roy d'Espagne, estoit tres-iuste: Que la surprise des passages des Grisons n'estoit pas vn attentat contre les Estats de Mantouë, & qu'il croyoit que si le Roy vouloit sortir de Suze, l'Empereur sortiroit des Grisons.

De laquelle responce sa Majesté ayant esté informée, elle commanda au Mareschal de Crequi de luy dire, que si l'Empereur dõnoit l'inuestiture des Duchez de Mantouë & Montferrat au Duc de Mantouë, & que le Roy d'Espagne & luy vouloient executer de tout poinct le traicté de Suze, qu'elle retireroit ses trouppes de Suze, & quitteroit les passages qu'elle y tenoit. Mais au lieu d'vne bonne responce à ses iustes propositions, se iettant dans les interests d'vn tiers, pour ne point oser cotter les siens, il reduisit sa responce contre l'iniure qu'il disoit auoir esté faite par le Roy à l'Empereur, de s'estre meslé des differends qu'il auoit auec son vassal, pour raison des fiefs qui releuoient de l'Empire. Qu'il n'y auoit point moyen de reparer cet affront, qu'en rendant l'Empereur depositaire & iuge de ses fiefs.

Ce fut lors que le Roy recogneut auec certitude que le Duc n'auoit point de parole. Et comme sa Majesté n'auoit eu autre intention que de secourir son allié, elle declara qu'il n'estoit pas raisonnable que l'Empereur eust en depost des Estats, dont il tesmoignoit vouloir auoir la proprieté par la force des armes: Qu'estant mesme interessé comme partie, & du chef de l'Imperatrice sa femme, il n'en pouuoit estre iuge : & que le Duc de Mantoüe estant le successeur legitime, tant de son chef, que de la Princesse sa belle-fille, l'Empereur ne pouuoit luy oster ceste possession soubs pretexte d'vn depost. Il y eut plusieurs negotiations entre le Duc & le Mareschal de Crequi sans fruict.

Cependant Spinola, dont la venuë estoit attenduë auec impatience par les Imperiaux, Espagnols, & Sauoyards, arriua à Gennes au mois de Iuillet, auec l'Abbé Scaglia, que Monsieur le Duc de Sauoye auoit enuoyé en Espagne, pour traiter de nouueau la guerre que nous auons veu reüssir.

Spinola en passant à Gennes r'asseura au Roy d'Espagne les volontez de ceux de la Seigneurie qui estoient fort esbranlées, qui est le plus signalé seruice qu'il luy ait rendu en Italie. Il trouua quelques trouppes dans l'Estat de Milan, en fit venir de nouuelles, pourueut auec grand soin à faire amas de bleds, qu'il faisoit venir de Sicile & de Naples, mesnagea l'argent qu'il auoit apporté d'Espagne, en disant que le Roy son Maistre vouloit la paix, que luy mesme la desiroit passionnément pour ses propres interests. Comme ceux de sa nation ne font rien de ce qu'ils disent, & ne disent rien de ce qu'ils font, soubs ce pretexte de paix il preparoit toutes choses pour la guerre.

Ses trouppes augmentant de iour à autre il en vouloit descharger l'Estat de Milan, & conseruer les bleds qui y estoient: dont le defaut est l'vn des principaux maux de la guerre, principalement en Italie, où la munition des bleds est l'vne de leurs plus fortes deffences. Il n'estoit pas encore assez puissant pour commencer à attaquer le Montferrat; il creut n'y auoir point de meilleur expedient pour paruenir à son dessein, que de faire l'vn & l'autre ensemble, le tout soubs couleur d'vne paix.

Le Duc de Sauoye commença deslors à tesmoigner qu'il vouloit estre neutre, & qu'il desiroit se rendre entremetteur pour terminer ceste guerre. Par concert neantmoins fait auec le Marquis, il dit, Que pour couurir le plus sensible affront que iamais l'Empereur & les Espagnols eussent receu, il falloit leur donner quelque contentemẽt, & ne point blesser les interests du Roy, ny ceux du Duc de Mantoüe son allié. Pour cet effect il proposa qu'on accordast à l'Empereur & au Roy d'Espagne, que Colalte feroit entrer cinq ou six mil hommes dans le Mantoüan, & Spinola autant dans le Montferrat : Que Aqui, Pouçon, & Nice de la Paille se rendroient, apres auoir tesmoigné quelques legeres deffences.

Qu'on conuiendroit que l Empereur iugeroit seul des differends des Duchez de Mantouë & de Montferrat, entre les Princes pretendans : & neantmoins que par vn article secret il ne pourroit les iuger qu'en la forme ou traicté de Suze.

Que suiuant & apres ledit Iugement l'Empereur donneroit l'inuestiture au Duc de Mantoüe, & les trouppes de part & d'autre se retireroient.

Que pendant ceste execution les terres seroient deposées entre les mains du Duc de Bauiere ou de Florence, pour estre restituées apres le Iugement de l'Empereur au Duc de Mantoüe.

Ces propositions furent enuoyées par le Mareschal de Crequi au Roy, qui en demeura d'accord, excepté des personnes, entre les mains desquels l'Empereur vouloit faire le depost, comme suspects aux parties. Le Roy consentit le depost és mains du Pape, & que le Duc de Mantoüe les tint comme depositaire nommé par l'Empereur.

Sa Majesté enuoya ceste resolution par le sieur d'Hemery; mais il y auoit plus de huict iours que Spinola auoit executé ce qu'il auoit proposé, c'est à dire, qu'il estoit entré dans le Montferrat, & les Imperiaux dans le Mantoüan, où ils firent si grand progrez qu'ils se trouuerrent bien-tost aux portes de Mantoüe: & Spinola prit les places de Pouçon, & Nice de la Paille, lesquelles n'estans deffenduës que par des Italiens, furent bien-tost perduës.

Le Mareschal de Crequi, assisté des sieurs Seruient, &

d'Hemery, voyant vn tel procedé, se resolut de ne point interpreter à rupture ce qu'auoit fait Spinola; & dissimulant tout ce progrez, dit ledit sieur Mareschal au Duc de Sauoye, qu'il auoit les responces du Roy, qui aggreoit les propositions faites pour paruenir à la paix: de fait, que sa Majesté en escriuit au Duc, & luy tesmoigna qu'elle seroit fort aise qu'il se rendist entremetteur, & qu'elle defferoit beaucoup à ses aduis.

Toutes ses ciuilitez ne produisoient aucun effect, & les resolutions que le Roy auoit prises, qui fauorisoit aucunement les propositions du Duc de Sauoye & de Spinola pour paruenir à vne paix generale, furent inutiles. Le dessein du Duc & de Spinola n'estant autre, que d'auoir par vn Traicté, & sur la foy d'vn depost, ce qu'ils ne pouuoient esperer par leurs armes.

Le Roy cogneut deslors qu'il ne falloit plus esperer ny vne paix generale, ny l'vnion du Duc: on commande au sieur d'Hemery de preparer des bleds, & en faire des magazins, ce qui fut fait promptement.

Cazal cependant estoit en necessité de viures: le mauuais mesnage de ceux qui auoit proposé le Duc de Mantoüe, auoit plustost dissipé que consommé les bleds que le Roy estant à Suze y auoit fait conduire: toutesfois le Duc de Sauoye qui ne desiroit pas la perte de Cazal qu'au temps qu'il l'auoit proieté, donna en payant quatre mil sacs de bled, pour y estre menez, qui ne suffisoient pas pour le rauitaillement: mais aussi vouloit-il qu'il fust en sa puissance de le voir perdre quand il voudroit.

Cependant les trouppes de Spinola viuoient aux despens du Montferrat, sans tenter aucune chose; Cazal qui ne pouuoit tirer des viures, ny du Piedmont, ny du Milannois, s'alloit consommant: mais aussi les trouppes qui estoient au Mantoüan, n'estans conduites par vn chef si preuoyant que Spinola estoient tellement pressées de viures, qu'elles fussent peries sans l'assistance du Duc de Parme subiect du Pape. Le Duc de Mantoüe se plaignoit que ce secours auoit esté fait par le commandement du frere du Pape: neantmoins ces trouppes ne pouuant plus subsister aupres de Mantoüe, estoient forcez de se retirer.

Mais pour donner lieu à ceste retraite, les Espagnols proposerent

poserent au mois de Nouembre vne suspension d'armes que le Duc de Mantouë agreoit. Mazarini Ministre du Pape, qui commença lors de s'entremettre de ceste negotiation, la porte au Mareschal de Crequi au mois de Decembre : mais les aduis que l'on eut de l'extreme necessité en laquelle estoit l'armée de l'Empereur, la fit refuser en sorte, que les trouppes pressées à l'extremité leuerent le siege de Mantouë, & se retirerent dans Canette, & dans les forts qu'ils auoient faits.

Les affaires s'aigrissans, le Roy resolut d'enuoyer le sieur Cardinal en Italie pour y commander son armée. Le Mareschal de Schomberg pour Lieutenãt general, & les Mareschaux de Crequi & de la Force estans l'vn en Italie, & l'autre en Sauoye, auec charge de faire executer aux Espagnols & au Duc de Sauoye les traictez qui auoient esté si solemnellement faits, & si peu religieusement executez.

Ils partirent de Paris le lendemain de Noël, les trouppes se preparerent pour passer, le sieur Cardinal accompagné du Mareschal de Schomberg arriue à Lyon au mois de Ianuier 1630. où il seiourna quinze iours pendant que les trouppes s'aduancerent, qu'on fit passer les canons & munitions de guerre, & pourueu à faire des magazins de bled.

Le Duc de Sauoye enuoya le Prince de Piedmont son fils en Sauoye, tant pour mettre ses places en deffence, iugeant bien qu'elles seroiẽt attaquées, que pour visiter le sieur Cardinal, afin de le destourner de passer auec l'armée du Roy, soubs des conditions nouuelles. Mazarini fut aussi à Lyon auec des propositions de treve & de paix: mais n'estans autres que celles qui auoient esté faites au Mareschal de Crequi, elles furent refusées.

Le Prince de Piedmond enuoye le Comte de sainct-Maury à Lyõ, il propose vne entreueuë, qui est acceptée par le sieur Cardinal. Le Prince de Piedmont desire que ce soit au pont de Bonuoysin, comme en lieu neutre, pour ne point donner de ialousie aux Espagnols. Le Cardinal creut qu'il y alloit de l'interest du Roy, & que le Duc de Sauoye qui estoit obligé de se ioindre aux armes de sa Majesté par le traicté de Suze, de l'execution duquel il s'agissoit, ne deuoit point vser de ses pretensions; c'est pourquoy ceste entreueuë fut remise à Suze.

On traicte le passage auec sainct-Maury, de partie des trouppes en Sauoye,on dispose à ceste fin les estapes, pour lesquelles on donna au Duc de Sauoye quinze mil escus ; cependant on donne ordre à tout ce qui estoit de l'armée du Roy, qui estoit composée de vingt mil hommes de pied,& deux mil cheuaux: de ce nombre il y auoit à Suze six mil hommes; on fit passer dix mil hommes de pied,& douze cens cheuaux par la Sauoye, le reste passa par le Dauphiné.

Le sieur Cardinal estoit general de ceste armée, les Mareschaux de Crequi, de la Force, & de Schomberg Lieutenans generaux,les sieurs d'Auriac, Villeroy, Valençay, Marquis de la Force,& Feuquieres Mareschaux de camp, le sieur Seruient Intendant de la Iustice,& le sieur d'Hemery Intendant des finances & des viures.

Le sieur Cardinal partit le vingt huictiesme Ianuier mil six cens trẽte,de Lyon. Arriué à Grenoble,il enuoya le deuxiesme de Feurier le Commandeur de Valençay & le sieur d'Hemery à Chambery pour visiter le Prince de Piedmont, luy proposer vne entreueuë où il trouueroit à propos, auec charge de traicter auec luy sur le subiect des affaires generales, ou sur le sujet de ce qui estoit à faire entre le Roy & le Duc de Sauoye. Mais le Prince de Piedmont estant party le mesme iour de Sauoye pour s'en retourner en Piedmont par le val Doste, ce voyage fut inutile.

Tout ce qui s'estoit passé en la negotiation du Mareschal de Crequi,& les difficultez pour ceste entreueuë, confirmerent encores dauantage le sieur Cardinal de ne point prendre de confiance au Duc de Sauoye, s'il ne se declaroit ouuertement pour le Roy,& qu'il n'vnist ses armes à celles de sa Majesté. Et deslors il resolut de faire la paix auec les Espagnols, ou de faire declarer ouuertement le Duc de Sauoye pour le Roy, comme il estoit obligé,ou de luy faire la guerre;estant tres-douteux sur vne foy incertaine de trauerser les Estats d'vn Prince qui disoit vouloir demeurer neutre, & qui en effect estoit contraire.

Les inconueniens n'estoient pas à passer l'armée, mais les recreuës pour la rafraischir, l'argent pour la soustenir,les viures pour la nourrir,& à trouuer retraicte en cas de perte & de combat.

Le sieur Cardinal n'apprehendoit pas, que par force ouuerte le Duc de Sauoye voulust rompre, mais bien que par ses artifices il ne ruinast l'armée, en rompant la liberté du commerce de France au Milannois, faisant apporter difficulté au passage, nourriture, & au transport des choses cy-dessus ; ou que s'il arriuoit quelque disgrace, il ne se declarast ennemy.

Monsieur le Cardinal de Richelieu ne trouuoit pas honorable les propositions de la paix generale qui luy furent faites ; il estoit certain dés Lyon que le Duc de Sauoye ne se declareroit point, quoy qu'il l'eust esperé, le Duc y estant obligé. Il croit que la crainte d'vne puissante armée que le Duc voyoit fondre sur ses Estats, l'obligeroit à satisfaire : aussi d'autre costé en rompant auec le Duc de Sauoye, le Cardinal voyoit bien que Cazal seroit perdu vn mois apres faute de viures ; il resolut donc à Grenoble de faire ce qu'il pourroit pour faire renuituailler Cazal.

Et en cas que le Duc de Sauoye fust contraire, Cazal estant rèuituaillé, & qu'il fust obligé de luy faire la guerre, d'attaquer Pignerol ; & deslors qu'il en prit resolution, il s'offrit vn nommé de la Salle, Lieutenant au Regiment de Nauarre, qui auoit demeuré long-tẽps à Pignerol, lequel cognoissant la place pour y auoir esté diuerses fois, y fut enuoyé par le sieur d'Hemery.

Il enuoya de Grenoble le sieur d'Hemery à Thurin vers le Mareschal de Crequi, pour luy dire les conditions sur lesquelles il vouloit entendre à la paix generalle, qui estoient,

Que le Duc de Mantoüe demandoit par ses Ambassadeurs l'inuestiture de ses Duchez à l'Empereur, le priant de l'excuser s'il l'auoit offencé, d'autãt qu'il n'en auoit iamais eu l'intention.

Que l'Empereur à la requeste du Pape & du Roy la luy accorderoit.

Que l'Empereur & le Roy iugeroient bien les differends d'entre ces deux Princes de Sauoye & de Mantoüe.

Que les armées de l'Empereur & des deux Roys se retireroient d'Italie aux iours qui seroient conuenus.

Qu'on restitueroit les passages des Grisons, & Suze en mesme iour à ceux sur lesquels on les auoit occupez.

Que Cazal seroit plainement renuituaillé, & le Duc de Sauoye obligé à donner passage pour le secourir dans ses Estats ; & pour plus grande seureté, qu'on feroit vne ligue auec tous les Princes d'Italie pour la deffence desdits Estats, & de tous les alliez en icelle.

Que le Duc de Mantoüe retiendroit telles garnisons qu'il voudroit pour garder ses places, & neantmoins qu'elles ne seroient qu'en nombre necessaire pour la garde, & non pas en estat de donner ialousie au Milannois : & pareillement que dans le Milannois on y garderoit les garnisons ordinaires seulement.

Qu'on repareroit les contrauentions faites au traicté de Mouçon pour la Valteline.

Que le Duc de Sauoye auroit Trin, & quinze mil escus de rente pour ses pretensions : & que Guastalla auroit quarante mil escus pour vne fois payer.

Le sieur d'Hemery eut aussi la charge de dire au Mareschal de Crequi, qu'il pressast le Duc de Sauoye de satisfaire au Traicté de Suze, luy offrir pour son regard tout ce qu'on luy auoit autrefois offert, & ce qu'il tesmoignoit desirer pour ioindre ses armées à celles du Roy, luy demander des bleds pour mettre dans Cazal, & pour nourrir les trouppes de sa Majesté, auec cōmandement exprés de ne point rompre auec luy, quelque subiet qu'il en donnast, pour auoir le temps de mesnager le rauituaillement de Cazal, qui estoit la piece dont estoit question, & en effect le subiect de la guerre.

Le Mareschal de Crequi vid le Duc de Sauoye, assisté dudit sieur d'Hemery, luy propose les conditions susdites pour la paix generale, & le pria de luy dire ce qu'il desiroit pour son particulier. Le Duc qui recherchoit par tout des pretextes, & lequel en cela prenoit des ombres pour des corps solides, feignant d'estre fort aigry, de ce qu'ayant enuoyé son fils (disoit-il) à Chambery, on ne l'auoit point voulu voir, fait ses plaintes de plusieurs choses; le tout pour auoir subiect de refuser des viures, tant pour Cazal que pour la nourriture de l'armée, & pour ne se ioindre aux armes du Roy pour la defence des Estats de Mantoüe.

On donne aduis au sieur Cardinal de l'estat des affaires, lequel craignoit d'approcher de Suze auec l'armée; pource que faisant seiour sans rien faire il consommeroit ses viures; aussi d'entreprendre sur le Duc de Sauoye, c'estoit perdre Cazal, & rompre le subiect de la paix generale, pour l'esperer auec les conditions proposées de sa part. Il seiourna donc à Ambrun pour y attendre de meilleures nouuelles, & là commença à donner ordre pour la guerre de Sauoye, afin de diuiser les forces du Duc, recognoissant qu'il falloit deslors rompre les troupes qui estoient destinees pour l'Italie, qui furent commandees pour aller en Bresse.

Le Mareschal de Crequi & le sieur d'Hemery tesmoignerent neantmoins au Duc de Sauoye, qu'on vouloit estre bien auec luy sans le presser, pourueu qu'il donnast des viures pour nourrir l'armee. Le sieur d'Hemery luy fit esperer qu'en ayãt sur les lieux pour faire viure vn mois l'armee du Roy, qu'on la feroit passer au Montferrat, parce que dans ce mois on feroit venir les bleds qui estoient à Nice & à Suze.

Il n'y auoit que ce seul expedient pour engager le Duc à fournir des viures dans Cazal: car comme ledit sieur Cardinal recognoissoit qu'il ne falloit point rompre auec luy à cause de la necessité de Cazal, le Duc sçauoit aussi que cette necessité seule pouuoit arrester le sieur Cardinal, & estoit le suject pour lequel il ne vouloit point fournir de viures pour Cazal. Mais à cette proposition de faire passer l'armee en ayant dequoy la nourrir vn mois, il y trouua son compte, parce qu'il esperoit que l'armee estant passee elle dependroit de luy, & que les bleds que l'on esperoit de Nice & de Suze seroient en son pouuoir, dont il empescheroit le transport sans rompre ouuertement auec sa Majesté; soit par defaut de viures & de voictures, ou par le manquement de ceux mesmes qui en entreprendroient la voicture; mesme ledit sieur d'Hemery ayant fait marché auec Iacometys :::: habitans de Piedmont, pour le transport des bleds de Nice & de Suze, le Duc les fit emprisonner, & en donna d'autres qui dependoient absolument de luy.

Tout ce qu'en faisoit le Duc en apparence, estoit pour tesmoigner qu'il vouloit demeurer neutre; mais en effect son intention estoit de se ioindre aux Espagnols pour plusieurs raisons.

La premiere, pour se purger de l'infidelité dont on l'auoit blasmé d'auoir manqué aux Espagnols à Suze.

La seconde estoit fondee sur la crainte qu'il auoit, que s'il se declaroit pour le Roy, le Cardinal voulust s'en preualoir, & faire vne Paix le lendemain fort aduantageuse.

Il pensoit que la necessité de l'Armee du Roy obligeroit le

Cardinal à plustost rechercher les conditions que demandoient les Espagnols, que non pas d'entreprendre vne guerre, dont l'entree paroissoit assez difficile, & l'issuë tres-dangereuse.

Que si l'armee passoit, il la reduiroit en estat de faire vne Paix telle qu'il desiroit, dans laquelle il eust fait consentir les demolitions de Cazal, ou eust fait perir & dissiper l'armee.

Ses autres desseins estoient, de faire croire à toute la terre qu'il estoit l'Atlas, qui tenoit les deux Polles en sa disposition, & persuader aux ames credules, qu'il estoit tellement necessaire, qu'il donnoit le trait à la ballance des affaires d'Italie du costé qu'il inclinoit; & il vouloit que la France, qui auoit tesmoigné le mespriser au Traicté fait à Monçon, cogneust en quelle consideration il deuoit estre; & sur tout de faire perir Cazal, & non pas de le donner aux Espagnols: Et qu'apres qu'il aura fait cognoistre au Roy la necessité de la place, l'impossibilité de la secourir, & sa perte asseuree, l'obliger à consentir plustost la demolition, qu'à souffrir que les Espagnols en fussent les maistres: desquels neantmoins il auoit tiré ses asseurances pour la demolition, en cas que la place fust prise; & pour ces raisons ou il vouloit faire dissiper l'armee du Roy, ou l'obliger à vne paix aduantageuse aux Espagnols, non pas par force ouuerte, mais par artifice.

On pressoit ce renuituaillement de Cazal, le sieur d'Hemery estoit commandé d'y tenir la main, on paioit tout ce que lon demandoit pour le prix des bleds. Ce qui pouuoit faire croire au Duc qu'on vouloit faire passer l'armee, estoit, que lon fist marché auec luy pour les estapes du passage des troupes à Cazal; On luy donna mesme l'argent; on achepta du foin pour faire des magazins dans le Montferrat, on fit marché pour faire vn pont à Roudisson, afin de passer la Doüerebotte, on faisoit faire quantité de fours; à Cazal on y auoit fait aller des munitions pour commencer à faire des biscuits; on ne parloit plus que du passage de l'Armee, dont le Duc auoit si grande impatience, qu'il hastoit luy-mesme le renuituaillement de Cazal: Tous les premiers mescontentemens estoient oubliez. Neantmoins de temps en temps, selon les apprehensions qu'il auoit que l'on ne fist pas passer l'armee, il interrompoit le renuituaillement ; le dessein qu'il auoit de toucher soixante ou quatre-vingt mil escus y seruit beaucoup, parce qu'on ne luy donnoit de l'argent qu'à mesure qu'il fournissoit les viures ; on y employoit aussi d'autres artifices tres-salutaires.

En attendant l'execution du renuituaillement, le Duc qui vouloit estre bien auec tous, & profiter sur tous, (en les trompant tous s'il pouuoit) enuoya à Spinola par Page son Secretaire d'Estat, les propositions suiuantes que le Mareschal de Crequi luy auoit portees pour la Paix generale.

Project des Articles de Paix.

Sa Saincteté comme Pere commun des Princes Chrestiens, ayant fait des instances tres-pressantes, tant à l'Empereur qu'aux deux Couronnes, de terminer à l'amiable les differents meuz & arriuez en Italie ; pour raison de la succession des Duchez de Mantouë & de Montferrat : Sa Majesté Imperiale & lesdites deux Couronnes, pour tesmoigner le respect qu'elles doiuent à sa Saincteté, & le desir qu'elles ont du repos de l'Italie, ont conuenu & arresté entre-elles ce qui s'ensuit.

1 Que Monsieur le Duc de Sauoye aura les quinze mil escus de rente, dont par cy deuant il est demeuré d'accord, pour toutes les pretentions qu'il pouuoit auoir sur le Duché de Montferrat.

2 Que Monsieur le Duc de Mantouë payera au sieur Duc de Guastalle la somme de en deux termes, pour toutes les pretentions qu'il peut auoir en la succession du Duché de Mantouë.

3 Que l'inuestiture desdicts Duchez de Mantouë & du Montferrat sera donnee par l'Empereur dans huict iours, apres la datte des presentes, à Monsieur le Duc de Mantouë en bonne & deuë forme.

4 Que tant s'en faut que l'Empereur & le Roy Catholique souffrent plus à l'aduenir, que ledit sieur Duc de Mantouë soit directement ny indirectement troublé en la possession de ses Estats : qu'au contraire ils promettent & s'obligent

à luy donner toute assistance, enuers & contre tous ceux qui l'y voudroient troubler.

5 Qu'aucun des Princes, qui ait par armes ou autrement assisté l'vn des deux partys en ceste occasion, n'en pourra estre inquieté à l'aduenir, soubs quelque pretexte que ce puisse estre.

6 Que pour maintenir ledit sieur Duc de Mantouë plus certainement paisible en ses Estats, l'Empereur & les deux Couronnes supplient sa Saincteté, & prient la Republique de Venise, le Duc de Sauoye, le Duc de Toscane, le Duc de Parme, le Duc de Modene, la Republique de Gennes, & tous autres Princes & Potentats de l'Italie, de promettre & s'obliger à donner assistance audit sieur Duc de Mantouë: Au cas qu'à l'auenir il fust troublé en ses Estats, & les deschargeāt par ce present Traitté, de toutes obligations precedentes qu'ils pourroient auoir enuers eux, entant qu'elles pourroient les empescher d'executer le contenu au present article.

7 Que les troupes de l'Empereur & du Roy Catholique, sortiront actuellement des Estats du Duc de Mantouë sans y faire aucun degast; comme aussi les troupes du Roy tres-Chrestien feront le mesme, & n'y demeurera autres gens de guerre, que ceux que ledit sieur Duc de Mantouë y tiendra sous ses enseignes pour la seureté de ses Estats.

8 Que les troupes Imperiales se retireront en Allemagne, delaissant tous les lieux qu'elles pourroient auoir occupez en Italie, en la Valteline, Comtez de Bormio, Chiauenne, Grisons & tous autres lieux; le tout quinze iours apres la signature des presentes.

9 Que les Forts qui ont esté construits par lesdites troupes Imperiales dans les Grisons, seront actuellement rasez: lesdicts Grisons demeurans en leur premiere liberté, sans qu'à l'aduenir les Imperiaux puissent entrer à main armee dans leur pays, ny se saisir d'aucuns lieux d'iceux, sous quelque pretexte que ce puisse estre.

10 Que les troupes du Roy Catholique seront reduittes és Estats qu'il tient en Italie, au nombre des Garnisons ordinaires qui ont accoustumé d'y estre entretenuës.

11 Que le Traitté de Monçon sera actuellement executé,

& que bien que par iceluy la disposition des passages, l'imposition des daces & gabelles, l'institution des loix & statuts, les Traittez de Paix, d'Alliance & de guerre, le droit de battre monnoye, & generalement tous autres droicts de Souueraineté en la Valteline, Comtez de Bormio, & de Chiauenne appartiennent aux Grisons (les susdicts droicts souuerains appartiennent clairemẽt aux Grisons par le Traitté de Monçon, entant que par iceluy ils demeurent au mesme estat qu'ils estoient auparauant l'an 1617. auquel temps ils iouyssoient sãs contredit de tous lesdits droicts) & non aux habitans desdicts lieux: Les presents articles en seruiront toutefois de declaration plus expresse, pour obliger plus estroittement les parties à l'execution dudit Traitté. Et l'Empereur & les deux Roys promettent de bonne foy d'empescher qu'à l'aduenir les Grisons ne soient troublez en la iouyssance desdicts droicts, & de faire que les Valtelins payent annuellement les vingt cinq mil escus de cens ausdicts sieurs Grisons, au lieu de l'vtilité publique & particuliere qu'ils receuoient de la Iustice & Magistrature desdites Valteline & Comtez de Bormio & Chiauenne, selon qu'il est porté par ledit Traitté.

12 Pour seureté du present article, a esté arresté que la Republique Heluetique sera conuiee de bonne foy par l'Empereur & les deux Roys d'entrer en vnion auec lesdicts Grisons, pour la manutention & entretien du Traitté de Monçon & de ce que dessus.

13 Que tous les Traittez faits auec les Grisons ou Valtelins, depuis le Traicté de Monçon, par qui que ce puisse estre, demeureront nuls & de nul effect. Tout ce que dessus estãt executé sans qu'il soit parlé de la restitution de Suze en ce Traitté, le Roy fera remettre ceste place entre les mains de Monsieur de Sauoye en vertu du Traitté faict à Suze l'an passé.

Sur lesquelles, Colalte, Spinola, & l'Abbé Scaglia s'assemblerent à l'execution: Pensirolle Nonce extraordinaire de sa Saincteté pour ceste paix, & Mazarini y estoient.

Le Duc fit sçauoir ce qui auoit esté resolu en ceste assemblee au Mareschal de Crequi.

Responce des Imperiaux & Espagnols assemblez à Alexandrie le 27. Feurier 1630. à la proposition des Articles pour faire la Paix.

Sur le premier article l'on desire que les parties conferent ensemble sur quelques difficultez qui en pourroient naistre ; de plus, le sieur Duc de Guastale ne se peut tenir satisfait des deniers qui luy sont assignez. Mais venant quelque personne d'authorité de la part du sieur Duc Charles, à laquelle on rendra toutes sortes de bons offices, l'on facilitera l'accord.

L'Empereur ayant declaré à sa Saincteté par vne lettre du 24. Decembre 1629. que pourueu que le Duc Charles fasse les submissions specifiees dans icelle lettre & concertees entre les parties, il luy donnera son consentement & le remettra dans ses bonnes graces. Qu'il est necessaire que ces choses precedent l'inuestiture, laquelle le sieur Comte Collalto promettra de fournir si-tost que ces conditions auront esté accomplies, & ce dans le terme le plus bref que faire se pourra.

Le quatriesme article accordé.

Le cinquiesme accordé, y adioustant qu'absolument parlant toutes sortes de personnes y demeureront comprises, qui en quelque sorte & maniere que ce soit y auront eu interest, ou se seront meslés pour l'vne ou l'autre des parties.

Au sixiesme article, il ne semble qu'il ne soit pas necessaire: Le Duc de Mantouë demeurant assez asseuré en suitte du 4. article ; & aussi que si-tost qu'il aura receu l'inuestiture, les troupes de l'Empereur doiuent sortir des Estats de Mantouë & de Montferrat au meilleur ordre que faire se pourra ; & encores celles des deux Roys de France & d'Espagne, & des Venitiens: Et qu'il ne doit demeurer dans ses Estats ny François ny autres que ce soit.

L'article huictiesme demeurera accordé : Auec cet aduis neantmoins, qu'il est impossible de pouuoir faire retirer toute l'armee de l'Empereur en Allemagne de tous les lieux qu'elle a occupez pendant le terme & espace de quinze iours ; mais cecy se peut entendre, à la charge que pendant le mesme temps & en la mesme maniere se retireront toutes les troupes du Roy tres-Chrestien en France, delaissans libres toutes les places qu'elles ont occupees sur le Duc de Sauoye, comme Suze, le Val-doste & autres lieux.

9 Que les Forts des Grisons se demoliront à proportion que les soldats sortiront : Et le tout demeurera en tel estat qu'il estoit auparauant les guerres ; comme l'Empereur l'a declaré aux mesmes Grisons, & dont mesmes ils l'ont remercié.

A l'vnziesme l'on y a respondu de viue voix, sçauoir : Que sa Majesté Catholique s'y conformera en tout & par tout, & que le Traicté de Monçon doit estre executé punctuellemẽt; mais que pour le regard des declarations nouuelle & particuliere que l'on demande, il sera bon de voir les parties : sçauoir les Grisons & Valtelins.

Au douziesme, que l'on fera toute sorte de diligence de traitter auec les Suisses ; comme l'on est demeuré d'accord au Traitté de Monçon.

Et parce que dans les propositions presentes, de la part du sieur Cardinal de Richelieu; il n'est point parlé de la Duchesse de Loraine, & qu'il est raisonnable que lon luy donne quelque sorte de satisfaction à ses pretentions iustes ; il sera necessaire de sçauoir sa volonté pour sur icelle se resoudre : il sera encor necessaire que l'on apporte quelque sorte d'accommodement aux interests du sieur Marquis de Giana, ainsi qu'il sera trouué raisonnable.

De plus, la Communauté des Mantoüans, par ordonnance du sieur Comte de Collalto, a contribué à l'entretien de l'armee de l'Empereur, tant pour les presents que pour les absens, auec promesse de son Excellence de le faire rembourcer : il est donc raisonnable à present que ceste promesse soit obseruee. Voila tout ce que contenoit ceste responce.

Le sieur d'Hemery fut à Ambrun pour en informer le sieur Cardinal, où le Duc enuoya le Comte de Scaruafix son Ambassadeur, pour luy faire des complimens de sa part: le Nonce Pensirolle & Mazarini y arriuerent.

Il y auoit quatre difficultez sur les propositions de la Paix generale. Le Duc ne vouloit point estre obligé à donner passage au Roy pour le secours des Estats de Mantoüe, toutefois & quantes qu'il en seroit requis : on ne vouloit point parler des contrauentions faites au Traitté de Monçon ; Spinola disoit qu'il n'auoit charge que pour les affaires d'Italie : l'Empereur ne vouloit point permettre que les Princes d'Italie promissent de deffendre le Duc de Mantouë enuers & contre tous ; & les Espagnols desiroient nommément qu'il fust porté dans le Traicté, qu'il ne pourroit demeurer aucun François au seruice du Duc de Mantouë ; tant la presence, l'ombre ou le sentir d'vn François leur donne de frayeur & espouuante au cœur, estimant que quand vn François dort que le Diable le berce, & qu'il est perilleux le l'auoir pour voisin.

Ces quatre difficultez ont continué iusques à la rupture, puis l'ont causee, & ont tousiours esté debatuës & agitees en toutes les Conferences.

Le Nonce Pansirole, Mazarini, l Ambassadeur de Sauoye, & le sieur d'Hemery s'en reuindrẽt informer des raisons qu'auoit ledit sieur Cardinal, pour lesquels il ne pouuoit accorder les quatre poincts sans rien rompre ; neantmoins les choses n'estant pas encore en estat, l'Ambassadeur de Sauoye en vint fort satisfait, & le sieur d Hemery fut chargé de nouueau de sçauoir à quoy il vouloit se resoudre.

Le sieur Cardinal descendit à Oulx, où il arriua le . Feurier, & seiourna iusques au 2. Mars.

Ledit sieur d'Hemery estant à Thurin informa le Mareschal de Crequi de ce qui s'estoit passé, & de ce qu'il y auoit à faire aupres du Duc.

Le Mareschal de Crequi offre au Duc, qu'encores qu'il fust obligé par le Traicté de Suze de ioindre ses armes à celles du Roy, sans autres cõditions que celles portees par ledit Traitté ; si est ce toutefois que le Roy luy vouloit dõner contentemẽt en tout. Le Duc aussi-tost demãda la Vallee de Chesery, & le pont de Gresin, qu'il dit luy appartenir. il vouloit qu'on luy adiugeast les terres qu'il deuoit auoir pour les quinze mil escus de rente qui luy estoient adiugez par le Traicté de Suze ; il disoit auoir vingt-mil hommes de pied & trois mil cheuaux. & que par le Traitté de Suze il ne s'estoit obligé qu'à fournir dix mil hommes de pied & mil cheuaux ; il demandoit que le reste fust entretenu aux despens du Roy.

Le Mareschal de Crequi fut luy mesme à Oux vers le sieur Cardinal, & à son retour il asseura le Duc que le sieur Cardinal auoit despesché au Roy sur ce subiect, & qu'il ne deuoit point doubter que le Roy ne luy accordast ce qu'il demandoit. Cependant le sieur Cardinal vint à Suze, où estant, il mesnagea vne entreueuë entre luy & le Prince de Piedmont à Riuole : ce ne furent que complimens sans parler d'affaires. Le sieur Cardinal dit que c'estoit au Prince à commencer, le Prince, que c'estoit au Cardinal : l'vn & l'autre en parlerent au sieur d'Hemery qui mesnagea vne seconde conference à Bosolens, là on parla fort amplement de la paix generale, il y auoit tousiours les difficultez cy-dessus, qui estoient comme l'ongle & l'arcenil dans la playe. Pour ce qui estoit à traicter auec le Duc, le sieur Cardinal fit esperer au sieur Prince de Piedmont tout ce qu'il auoit demandé au Mareschal de Crequi, & qu'il l'asseuroit que les volontez du Roy seroient telles qu'il les pouuoit souhaitter, pourueu qu'il se disposast à ioindre ses armes pour l'execution du Traicté fait à Suze. Le Prince le promit.

Les diuers soupçons interrompirent de temps en temps le rauituaillement de Cazal : pour les oster au Duc on luy dit qu'on se vouloit saisir de quelques postes dans le Milannois: & pour cet effect on y enuoya l'auant-garde, composée de sept mil hommes de pied, & mil cheuaux, dont on donna le commandement au Mareschal de Crequi, & au Marquis de Villeroy. Mais la principale raison estoit pour descharger Suze, espargner les viures, & eslargir les trouppes, dans lesquelles il y auoit deslors soupçon de peste. Cela luy donna de grandes esperances que lon vouloit passer dans le Milannois, il fit aduancer les bleds à Cazal : mais quand le corps de l'auant-garde fut à Riuas il cessa, disant, qu'il attendoit le reste de l'armée, dautant que les ennemis estoient trop forts pour executer les desseins qui auoient esté pris.

Il y eut encores deux ou trois conferences entre ledit sieur Cardinal & le Prince de Piedmont. Le dessein dudit sieur Cardinal estoit de tenter si on pouuoit faire la paix generale, ou reüssir à ce premier proiect de gaigner le Duc, & paruenir au rauituaillement de Cazal, celuy du Prince de Piedmont estoit, de penetrer dans le dessein dudit sieur Cardinal, & de voir s'il ne se disposeroit point à relascher les conditions qui empeschoient la paix generale, croyant que les incommoditez qu'il trouuoit en ceste guerre luy auroient fait changer les volontez, & sur des confiances & esperances arrester l'armée en vn lieu où elle deperissoit.

Les choses s'aduançans, le sieur Cardinal, assisté des Mareschaux de la Force & de Schomberg auec le reste de l'armée, partirent de Suze le de Mars, & furent iusques à Cazelette, où ils seiournerent dix ou douze iours, attendant que le rauituaillement de Cazal fust acheué. Le sieur Cardinal estimoit aussi, que le Duc de Sauoye se voyant vne armée si puissante sur les bras, se ioindroit à luy, & qu'il feroit faire la paix: mais il n'estoit plus en son pouuoir: car les Espagnols voyans que si la paix generale ne se faisoit, il prendroit party auec eux, ne se relaschoient aucunement des conditions qu'ils auoient proposées: & n'ayans pas perdu la pensée de Cazal, ceste occasion estoit tres propre pour leur dessein; ils esperoient du moins, s'ils estoient ioints au Duc de Sauoye, de faire vne paix qui leur feroit recouurer leur reputation qu'ils auoient perduë au Traicté de Suze.

Pendant le seiour de Cazelette les soldats de l'armée du Roy s'en alloient à Thurin, sans qu'on peust les en empescher; en sorte que par le rapport que l'on faisoit tous les iours au Duc des estrangers arriués dans la ville, il s'y trouua dans vn iour cinq mil cinq cens François: le Duc en conçeut grande ialousie, & y fit entrer la mesme nuict des gens de guerre. Le sieur Cardinal, qui ne pouuoit empescher ce desordre, & qui preuoyoit, que rompant auec le Duc c'estoient autant de prisonniers, prit ceste ialousie pour pretexte pour leur faire commander d'en sortir.

L'armée souffroit grandement à Cazelette, le sieur Cardinal s'y arrestoit pour donner temps à la conduite des bleds dans Cazal, & Pont d'Estulle; il sçeut par le sieur d'Hemery qu'il y estoit entré six à sept mil charges de bled, douze cens charges d'auoine, huict cens charges de ris, & cinq cens sacs de sel. L'armée pressée de faim & de necessité ne pouuant subsister dauantage en ce lieu, ledit sieur Cardinal fait sçauoir au Duc de Sauoye les resolutions.

Le Mareschal de Crequi & le sieur d Hemery furent le deuxiesme Mars à Cazelette & à Riuol voir le Duc, auec charge de luy dire, que le sieur Cardinal auoit receu les volontez du Roy, que sa Majesté luy accordoit la valée de Chisery,

& le Pont de Gresin, qu'elle entretiendroit cinq mil hommes de pied, & cinq cens cheuaux, qu'elle se ioindroit auec luy pour recourre ses terres que les Geneuois luy detenoient, moyennant quoy il se ioindroit aux armes du Roy.

Puis que les Espagnols ne vouloient pas entendre à vne paix raisonnable, ledit Duc, qui eust bien voulu prendre l'vne, & ne pas faire l'autre, remit la responce, apres en auoir conferé auec le Prince. Le Mareschal de Crequi & le sieur d'Hemery furét le mesme iour à Veillanne, où estoit le Prince auec l'armée du Duc, composée de dix à douze mil hommes de pied, & trois mil cheuaux : Le Prince prit iour pour voir le lendemain le sieur Cardinal à Cazelette, apres auoir conferé auec le Duc son pere.

Le lendemain quinziesme le Prince de Piedmont fut à Cazalette : il tesmoigna d'aggréer les offres, & en demandoit l'execution auant que de satisfaire à ce qu'il estoit obligé. Le sieur Cardinal pour le faire parler luy accordoit tout, en se declarant: mais quand il fut question de le faire ouuertement, il dit qu'il vouloit fournir dix mil hommes de pied, & mil cheuaux, ainsi que portoit la ligue faite à Suze : Mais que le Duc son pere & luy vouloient aller en personne à Gennes, disant qu'ils estoient encores en guerre auec la Republique, qu'ils vouloient la terminer auant que s'engager ailleurs.

Ceste proposition tendoit à ne point rompre auec les Espagnols, & estoit concertée aux eux. Le sieur Cardinal craignoit que les gens de guerre qu'il luy vouloit donner, se retirassent de iour en autre de son armée, & craignoit que ce fust vn piege pour l'obliger à passer : ceste responce donc ne le satisfit pas.

Le Cardinal demandoit vne rupture ouuerte, & luy offrit des trouppes du Roy pour aller à Gennes, & que le Duc ou Prince de Piedmont allassent, l'vn à Gennes, & l'autre auec l'armée du Roy. Chacun auoit son dessein, le Duc de ne rompre point auec les Espagnols, & le sieur Cardinal de le faire declarer.

Apres le depart du Prince de Piedmont de Cazelette, ledit sieur Cardinal assembla les Mareschaux de Crequi, de la Force, & de Schomberg, les sieurs d'Auriac, de Thoiras & de Feuquieres, Seruient, & d'Hemery. Et apres auoir fait vne relation tres particuliere de tout ce qui s'estoit passé, tant pour la paix generale que pour la particuliere ; il prit leurs aduis de ce qu'il y auoit à faire en ce rencontre. L'aduis commun fut, de ne se point embarquer sur la foy du Duc de Sauoye, & de luy faire la guerre ouuerte, puis qu'il ne se vouloit pas declarer pour le Roy.

Le Samedy quinziesme Mars ledit Cardinal enuoya les sieurs de Thoiras & d'Hemery vers le Duc à Veillanne, pour y porter ses dernieres intentions, qui estoient, qu'il ne pouuoit faire aduancer les armees du Roy plus auant, qu'il n'eust osté les ialousies qu'il luy donnoit : Que pour luy il auoit pleine confiance en sa foy, mais qu'il seroit blasmé d'auoir laissé des places & des armées derriere sans seureté aucune : & pour ce subiet qu'il le requeroit de vouloir mettre l'vn & l'autre en estat de luy oster tout le soupçon qu'il en pouuoit prendre, & remettre Veillanne comme il estoit lors du Traicté de Suze ; comme aussi d'examiner qu'il auoit donné le Pas de Suze pour ouurir les passages aux armées du Roy pour secourir le Duc de Mantoüe : & qu'au preiudice du Traicté il auoit fermé le passage par les fortifications qu'il auoit faites à Veillanne.

A quoy le Duc respondit, qu'il n'estoit point Huguenot pour razer ses fortifications ; neantmoins qu'il les esgratigneroit pour donner quelque honneur aux armées du Roy.

La seconde demande fut, qu'il eust à fournir dix mil sacs de bled à Cazal en payant, parce que le sieur Cardinal ne pouuoit commettre les armées du Roy sans auoir pour trois mois de viures, que le Prince de Piedmont luy auoit ainsi promis en sa derniere conference. Il respondit, que l'extreme necessité en laquelle estoient ses Estats lors, luy seruoient de legitime excuse à la promesse qu'il auoit faite, & à la demande que l'on luy faisoit à present.

On luy demandoit en troisiesme lieu qu'il prist party, qu'il se ioignist aux armes du Roy ainsi qu'il y estoit obligé, & qu'il se declarast ouuertemēt pour sa Majesté. Il dit qu'il releuoit de l'Empire & le reueroit en sorte, qu'il ne se declareroit iamais contre les armes & les interests de l'Empereur : & que si on le contraignoit à se declarer, qu'on verroit quel party il prendroit.

Cependant il fit sortir de Veillanne six à sept mil hommes

de

de pied, & quinze cens cheuaux pour oster, disoit-il, la ialousie audit Cardinal qui ne vouloit pas voir vne armée demeurer derriere, & les fit sortir pour vn dessein bien contraire : car ses trouppes se saisirent des Ponts d'Erpignan & Coligny, & de tous les quez & passages qui estoient sur la Doria, afin d'empescher les armes du Roy de passer à venir à luy.

De ces trois propositions il n'y auoit que la derniere qui peust empescher la guerre auec le Duc, car l'execution des deux premieres ne se pouuoit faire à temps, parce que l'armée du Roy ne pouuoit plus subsister à Cazalette : de reculer ou aduancer, l'vn n'estoit pas honorable, & l'autre n'estoit pas seur.

Les sieurs de Thoiras & d'Hemery estans reuenus le iour mesme, rapporterent audit sieur Cardinal ce qui s'estoit passé à la conference qu'ils auoient eu auec le Duc : & deslors, si le Mareschal de Crequi n'eust esté à Thurin, on se fust saisi des Ponts d'Erpignan & de Coligni, à cause de l'aduis que rapporterent lesdits sieurs de Thoiras & d'Hemery, que les trouppes de Sauoye s'en deuoient saisir le mesme iour, comme elles firent.

Le lendemain seiziesme de Mars ledit sieur Cardinal renuoya encores lesdits sieurs de Thoiras & d'Hemery vers le Duc, pour sçauoir si la nuict ne luy auoit point fait changer d'aduis, ou donné autre conseil : mais ce ne fut que les mesmes responces du iour precedent.

Incontinent apres leur retour ledit sieur Cardinal disposa les choses pour passer la riuiere le lendemain Lundy matin. Le mesme iour le Nonce Pensirolle estoit arriué d'Alexandrie, où il auoit veu Collalte & Spinola. Le Duc eut quelque aduis que les François se preparoient à desloger, & que l'auant-garde qui estoit à Riuarra s'approchoit de Cazalette ; il prit occasion d'enuoyer le Prince de Piedmont auec le Nonce Pensirolle, pour voir le sieur Cardinal, afin de pouuoir en apprendre des nouuelles, & voir quelle contenance on faisoit.

En ceste conference on parla de la paix generale, mais les mesmes difficultez se rencontroient tousiours, desquelles on ne se relaschoit de part ny d'autre.

Le Prince de Piedmont dit au sieur Cardinal, que le Duc son pere ayant appris que l'auant-garde s'approchoit de Cazalette & s'esloignoit de Cazal; que n'ayant point esté aduerty du subiet de ce changement cela luy donnoit soupçon, & le prioit de l'en esclaircir. Ledit sieur Cardinal luy respondit, qu'il n'auoit point de curiosité pour demander les desseins qu'il auoit quand ses armes changeoient de quartier; & quand le iour precedent elles auoient quitté Veillanne pour se saisir des ports d'Erpignan & Coligni, & des quais & passages de la Doria : que si le deslogement de l'armée du Roy luy donnoit ialousie, il pouuoit se mettre sur ses gardes.

Le Duc ne changeoit point d'aduis, la creance qu'il auoit que le sieur Cardinal deust attaquer Turin ou Veillanne, ainsi qu'on luy auoit persuadé par diuers artifices, le rendoit plus hardy; car il auoit pourueu à l'vne & l'autre place, en sorte qu'elles ne pouuoient estre surprises ny emportées d'emblée; croyoit que ledit sieur Cardinal s'attachant au siege de l'vne & l'autre, il se logeroit entre Veillanne & Suze, d'où on deuoit tirer des viures, qu'il couperoit, ce qu'on ne pouuoit empescher qu'en retirant & abandonnant le siege entrepris : Et que d'ailleurs Colalte & Spinola auec leurs armées estoient aduertis pour venir à luy auant que l'armée du Roy eust pris vne de ces places. Il esperoit aussi que ces armes vnies obligeroient ledit sieur Cardinal, ou à receuoir vn affront en leuant le siege, ou à faire vne paix honteuse. Le Prince de Piedmont s'en retourne.

Le quinziesme de Mars l'armée s'estant presentée ausdits ponts d'Erpignan & Coligny, & aux Guez de la Doria, elle se trouua abandonnée, & l'armée passée sans difficulté s'estant presentée à Riuolle, elle se trouua aussi libre, le Duc en estant deslogé la nuict à grand haste.

Le Cardinal seiourna à Riuole le dix-septiesme du mois, & ce iour il enuoya le sieur Seruient vers le Duc, pour luy dire que les choses estoient encores en estat & en voye d'accommodement, tant auec les Espagnols qu'auec luy : mais il ne luy voulut parler.

Le Mareschal de Crequi partit le mesme iour dix-huictiesme Mars auec six mil hommes de pied, & mil cheuaux pour s'en aller inuestir la ville de Pignerol. Il suruint vn rencontre heureux, le bruit estant dans l'armée qu'on s'en alloit à Thurin; celuy qui commandoit l'artillerie fit partir & conduire tous les canons sur le chemin de Thurin plus d'vne lieuë; en sorte qu'ils estoient en peril : cela fit croire au Duc que l'on alloit droit à Thurin, & renuoya querir les trouppes qu'il auoit enuoyées dés le matin pour se ietter dans Pignerol.

Le lendemain le sieur Cardinal, auec les Mareschaux de la Force & de Schomberg s'en vont à Pignerol : la ville estant assiegée & preste d'estre battuë, elle se rendit à composition, le Comte Vrbain Gouuerneur, & les gens de guerre au nombre de huict cens, se ietterent dans la Citadelle, qui fut assiegée, & prise en vnze iours pareillement à composition, qui fut,

Que le Gouuerneur, Officiers, tant de guerre que de Iustice, & les soldats sortiroient le lendemain dix heures du matin de la place, tambour battant, la mesche allumée, & emporteroient deux pieces d'artillerie.

Qu'ils seroient conduits seulement iusques à Orbezan.

Qu'on leur fourniroit de voituriers pour en tirer leurs hardes.

Ceste capitulation fut enuoyée la veille de Pasques, auquel iour les assiegez fournirent d'ostages pour l'execution.

Le lendemain iour de Pasques le Traicté fut executé, & quatre compagnies du Regiment des gardes du Roy entrerent dans la Citadelle de Pignerol pour la garder, deux iours apres ceste prise Mazarini arriue, & apres le Legat Cardinal, Anthoine nepueu du Pape, auec le Nonce Pensirolle, apporterent des propositions de paix fort raisonnables, à la charge que l'on restitueroit Pignerol. Les Espagnols & le Duc de Sauoye cognoissans que Pignerol & Suze estoient engagez, assez considerables pour faire rendre toutes les conquestes qu'ils pourroient faire en ceste guerre sur le Duc de Mantoüe, ils creurent qu'il falloit faire la paix pour les rauoir, & pour esloigner les armes du Roy, pour en vn autre temps faire le mesme dessein, & l'executer plus facilement.

Le Cardinal ne peut lors se resoudre à rendre Pignerol, attendu mesme que le Roy n'auoit encores aduis de la prise : il fit neantmoins esperer, encores qu'il y eust beaucoup de raisons qui combattoient pour l'vne & l'autre opinion. Les raiſons qui regardoient le ſeruice du Roy en ceſte reſtitution, eſtoient, qu'en ce faiſant il falloit pour iamais perdre la penſée d'Italie, Pignerol & les paſſages ayans eſté gaignez auec tant de peines, que difficilement on prendroit cy-apres vne ſemblable reſolution pour les auoir, & que le Duc de Sauoye les fortifieroit en ſorte, qu'il ſeroit impoſſible de les forcer.

Pignerol rendoit le Roy tres-conſiderable dans Rome & en toute l'Italie, conſeruoit les Princes alliez, & en acqueroit d'autres.

Par ceſte priſe le Duc eſtoit obligé de ne ſe ſeparer iamais d'auec le Roy, parce que ſa perte eſtoit preſente & aſſeurée, le Roy ayant Pignerol, & luy eſtant contraire.

Pignerol ſeul pouuoit aſſeurer & affermir la paix, parce que les Eſpagnols & le Duc de Sauoye ne penſeroient iamais à la violer, le Roy ayant vn paſſage & vne place en Italie. Ceſte place tenoit les Eſpagnols en perpetuelle ialouſie, & les obligeoit à demeurer touſiours main armée dans le Milannois: on y pouuoit faire des puiſſans magazins de bled & de munitions de guerre, vn grand Arſenal pour ſecourir les alliez de ceſte Couronne, & vne entrée en Italie quand on voudroit.

La reſtitution de Pignerol eſtoit la perte de tous les alliez, & faiſoit cognoiſtre à toute la Chreſtienté que l'on perdroit la penſée de l'Italie pour iamais.

Mais auſſi en retenant Pignerol il ne falloit plus eſperer de paix. Le Duc de Sauoye ayant intereſt de continuer la guerre pour auoir ceſte ville qu'il eſtimoit ſon propre, quoy qu'ancien domaine de ceſte Couronne; ioinct que ſon bien, & la paſſion qu'ont les Eſpagnols de chaſſer les François d'Italie, faiſoit qu'ils ſe reſolurent à vne rupture.

Il falloit examiner ſi la France pouuoit ſupporter vne ſi longue guerre, à laquelle il falloit ſe reſoudre, n'eſtant pas encores remiſe des troubles que la minorité du Roy & la faction de l'hereſie auoient ſuſcitez.

Ce deſſein dependoit principalement de la volonté du Roy de donner la paix à ſes ſubiects, pouruoir à la reformation des abus que la guerre y auoit introduits, donner du relaſche à ſes peuples pour reſpirer, & de munir ſes Arſenaux.

Ces choses dependoient nuement de la volonté du Roy, y aiant plusieurs raisons qui combattoient l'vne & l'autre proposition.

Pour asseurer ledit sieur Cardinal, il fit vne despesche à sa Majesté qui cőtenoit toutes ces considerations sans interposer son iugement, & pria le Legat d'attendre les volontez du Roy sur la restitution de Pignerol; il les apprit par vne depesche dattee du troisiesme, où il fut resolu de retenir Pignerol, & de ne point faire la Paix qu'à cette condition.

Le sieur Cardinal ayant receu cette resolution de la part de sa Majesté, il ne rompit pas; mais il dit au Legat qu'il estoit resolu de s'en aller prez du Roy, & que là il remonstreroit à sa Majesté plus amplement les raisons pour restituer Pignerol, & qu'en y enuoyant Mazarini, il en apprendroit les dernieres resolutions de sa bouche: & par ce moyen l'affaire fut remise.

En ce temps on trauailloit à fortifier Bricqueras & Pignerol: car ayant les armes de Colalte, de Spinola, & du Duc en teste, plus puissantes ensemble que celles du Roy, on ne pouuoit faire aucun dessein; En quittant Pignerol & Bricqueras, on hazardoit tout; & pour les garder en l'estat qu'ils estoient, il falloit la meilleure partie de l'Armee.

Le sieur Cardinal & Spinola auoient vn mesme dessein, sçauoir; ledit sieur Cardinal de se retirer de Piedmont & s'en aller à la guerre de Sauoye; & Spinola de s'en aller assieger Cazal, c'estoit à qui partiroit le premier, chacun d'eux faisoit obseruer le iour de leur depart. Cependant les Espagnols ne perdoient de temps, car Dom Philippes de Spinola fils du Marquis, assiegea Pont d'Estulle, le prit en cinq iours par composition fort honteuse. Le Regiment de Villeroy commandé par le Baron de Virieux, premier Capitaine de ce Regiment, & six Compagnies du Regiment de Moucha la deffendirent tres mal: de là Dom Philippes assiegea Russignan, que le Marquis de Montauzier deffendoit, & demeura treze iours à la prendre.

La composition de Pont-d'Estulle fut, de sortir vie & bagues sauues & de ne point entrer dans Cazal, celle de Rusignan fut de mesme exception, ce que Montosier capitula, que luy & les Officiers de son Regiment pourroient se ietter dans Cazal, où ils entrerent.

En fin le Marquis de Spinola partit le Auril, & le sieur Cardinal le deuxiesme May, Spinola s'en alla au siege de Cazal, & le sieur Cardinal en Sauoye, les Mareschaux de la Force & de Schomberg demeurerent pour commander l'armee: & depuis le Mareschal de Schomberg retournant en Sauoye, le sieur Duc de Montmorency commanda en sa place.

De cette resolution de Spinola d'aller à Cazal il commença à naistre vne grande diuision entre le Duc de Sauoye & luy; le Duc se plaignoit que le Marquis n'auoit voulu rien entreprendre pour la deffence de ses Estats, qu'il estoit venu à son secours apres la prise de Pignerol pour l'engager à la guerre, & paruenir à son dessein de prendre Cazal, qu'il ne consideroit que son honneur particulier, en voulant entreprendre sur cette place. Neantmoins il fut contraint de souffrir la loy qu'on luy donnoit, comme le plus engagé dans l'affaire, auec vne mesme qualité qu'il estoit le plus foible.

Spinola qui auoit ordre d'assieger Cazal, pour le faire auec esprit, honneur & raison, & pour ne point perdre le Duc de Sauoye, disoit que le sieur de Thoiras estoit dans Cazal auec quatre mil François, qui tenoit tout l'Estat de Milan & vne partie de Piedmont en telle ialousie, qu'il estoit obligé à y laisser nombre de gens de guerre qui affoiblissoient son armee; Qu'il vouloit s'en deliurer pour auoir tout le pays des enuirons & tous les gens de guerre libres. Et pour y faire consentir plustost le Duc, il luy fit esperer que dans quarante iours il prendroit Cazal. Il a esté blasmé d'auoir fait ceste promesse, mais il faut considerer à quelle fin il la faisoit.

Le sieur Cardinal fut à Grenoble, où le Roy arriua le lendemain; deux iours apres Mazarini y vint, & apporta les nouuelles que Spinola assiegeoit Cazal par force.

Les propositions de Mazarini estoient celles qui auoient esté faictes à Pignerol; le Roy commit les sieurs Cardinal, Marechal de Crequi, & les sieurs de Bullion, & de Chasteauneuf pour les examiner.

On dispose cependant les choses à la guerre de Sauoye. L'armee estoit composee de huict mil hommes de pied & deux mil cheuaux. Les Mareschaux de Crequi, de Bassompierre, & de Chastillon, commandoient; les sieurs de Vignolles, & du Hallier, Mareschaux de camp; Les sieurs de Chastellet, & d'Hemery, seruoient Intendans : le Mareschal de Crequi auec partie des troupes va à Chambery & le prit par composition.

Le Roy s'en va à Barraut, de là à Chambery, d'où le Mareschal de Chastillon partit auec l'auant-garde, pour assieger Rommilly, qui se rendit pareillement à composition, & deux iours apres Annecy.

Le Roy auec le reste de l'armee, suiuoit; on se promettoit grande resistance à Conflant, le lieu estant tres-aduantageux pour la deffence. Le Prince Thomas y estoit en personne auec dix mil hommes de pied & mil cheuaux. Le Mareschal de Bassompierre auec le sieur du Hallier partirent de Annecy auec six mil hommes de pied & mil cheuaux pour prendre le derriere de Conflant par Beau-fort & se rendre à Moustiers; Le Roy s'aduance auec le reste de l'armee pour aller à Conflant; les ennemis en eurent aduis, ils le quitterent, & se retirerent en Piedmont par le Valdoste.

La necessité de viures les pressoit. Le Roy lors suiuit iusques à Sainct-Maurice, & là ordonna des Forts pour garder les passages, & y laissa des troupes qui furent commandez par le sieur du Hallier; & iugeant que les ennemis ayans quitté Conflant n'auoient pas volonté de se deffendre, ordonna au Mareschal de Crequi qui estoit demeuré à Chambery, d'aller assieger Charbonniere, auec les Liegeois qui venoient se ioindre à son armee, & les Regiments de Champagne & Rambure, qui retournoient de Piedmont; & le Regiment de Iauson; le sieur de Vignole eut commandement d'aller assieger Montmelian, auec les Regimens de Normandie, Verdun, Langeron & Chouin.

Le sieur de Chasteau-neuf estant arriué, auec l'aduis des Commissaires qui auoient traitté auec Mazarini, la restitution de Pignerol fut resoluë : chacun croyoit la Paix.

Les conditions suiuantes furent donnees à Mazarini, qui les porta à Spinola.

Project des Articles de Paix.

Sa Sainćteté comme Pere commun des Princes Chrestiens, ayant fait des instances tres-pressantes, tant à l'Empereur qu'aux deux Couronnes, de terminer à l'amiable les differens meus & arriuez en Italie, pour raison de la succession des Duchez de Mantouë & Montferrat : Sa Maiesté Imperiale & lesdićtes deux Couronnes pour tesmoigner le respećt qu'elles doiuent à sa Sainćteté, & le desir qu'elles ont du repos de l'Italie, ont conuenu & arresté entre elles ce qui ensuit.

Que Monsieur le Duc de Sauoye sera satisfaićt pour toutes les pretensions qu'il auoit sur le Montferrat : & d'autant que depuis l'accord fait entre les parties sur ce sujećt l'an passé 1629. il se seroit meu beaucoup de difficultez entre les Ducs de Sauoye & de Mantouë, sur la nature des quinze mil escus de rente qui deuoient estre donnez par le Duc de Mantouë au Duc de Sauoye ; lesquelles seroient capables de remettre les parties en plus grands differends qu'ils n'ont esté cy-deuant, si elles n'estoient terminees par le present Traitté.

En ceste consideration, comme aussi pour donner plus de lieu à l'entiere restitution de tout ce qui y a esté occupé par les armes de toutes les parties : A esté arresté que Monsieur le Duc de Mantouë payera à Monsieur le Duc de Sauoye, entre cy & trois ans, en trois termes, la somme de sept cens cinquante mil escus pour le rachapt desdits quinze mil escus de rente estimez à deux pour cent, comme aussi les interests au prorata iusqu'à la fin du parfait payement ; moyennant lequel ledit sieur Duc de Sauoye ne pourra rien pretendre à la ville de Trin ny autres lieux du Montferrat, nonobstant ce qui luy auoit esté accordé par les Traittez & accords faićts à Suze l'an passé ; ains sera remis au Duc de Mantouë ladićte ville de Trin & tous autres lieux du Montferrat occupez par le Duc de Sauoye.

Si toutefois ledit sieur Duc de Mantouë ayme mieux laisser audit sieur Duc de Sauoye Trin & quinze mil escus de rente, en la nature dont ils s'accorderont le Duc de Sauoye & luy, que luy payer ladite somme de sept cens cinquante mil escus, il luy sera libre d'en vser ainsi.

Que

Que Monsieur le Duc de Mantouë payera au sieur Duc de Guastalle la somme de cent cinquante mil liures en deux termes pour sortir des differents qu'il auoit auec ledit Duc de Mantouë.

Le Duc de Sauoye estant satisfait, comme il le doit estre, par le present Traitté, qui luy adiuge sept cents cinquante mil escus vne fois payez, & le Duc de Guastalle n'ayant plus lieu de rien pretendre contre ledit Duc de Mantoüe, l'Empereur ayant tousiours declaré qu'il ne prenoit les armes que pour l'interest de ces particuliers, donnera l'inuestiture audit sieur Duc de Mantouë des Duchez de Mantouë & Montferrat, aussi-tost que ledit Duc la fera demander par son Ambassadeur, resident prez l'Empereur, auec le respect & les sousmissions requises. Ce que le Comte de Collalto pour & au nom de l'Empereur promet, en vertu d'vn plein pouuoir qu'il a de sa Majesté Imperiale.

L'Empereur & le Roy Catholique promettent de ne troubler cy-apres le Duc de Mantouë en sesdits Estats de Mantouë & Montferrat, ny souffrir qu'aucun autre l'inquiete; mesmes ils s'obligent de l'assister & deffendre enuers & contre tous ceux qui le voudront entreprendre.

Promet en outre l'Empereur pour plus grande seureté des Estats du Duc de Mantouë, de faire en sorte par son entremise & authorité, que le College des Electeurs, la ligue Catholique, & tous les Princes feudataires de l'Empire, qui sont en Allemagne & Italie, s'obligeront de deffendre & proteger les Estats du Duc de Mantouë, à l'encontre de ceux qui les voudroient enuahir, ou le troubler en la libre possession d'iceux. Et que le plustost qu'il pourra apres la signature du present Traitté, il en fournira au Roy tres-Chrestien les lettres d'obligation dudit College, ligue Catholique & Princes, par lesquelles ils promettront de deffendre lesdits Estats auec nombre de gens de guerre, qui ne pourra estre moindre que de quinze mil hommes de pied & deux mil cheuaux.

Comme aussi l'Empereur & les deux Roys supplieront sa Sainctetè, qu'il luy plaise auec le sacré College des Cardinaux & autres Princes d'Italie non feudataires de l'Empire, de faire ligue deffensiue pour les Estats dudict Duc de Mantouë.

L'Empereur & le Roy d'Espagne & Monsieur le Duc de Sauoye promettent de retirer & sortir des Estats de Monsieur le Duc de Mantouë dans le dixiesme de toutes les troupes qu'ils y tiennent sans y faire aucun degast, comme aussi sa Majesté tres-Chrestienne de faire retirer toutes les troupes qui ont esté conduittes par le sieur de Toyras : demeurant toutefois audit sieur Duc de Mantouë de se seruir pour les garnisons des places de ses Estats, de telles nations que bon luy semblera sous ses enseignes. Et dautant que la retraitte des troupes Françoises qui sont dans Cazal se fait sur la seule promesse qui est faite de l'Inuestiture, & auparauant qu'elle soit actuellement deliuree : seront donnez aussitost apres la signature du present Traicté, Ostages de qualité, dont les parties demeureront d'accord, pour estre entre les mains du Roy tres-Chrestien, iusqu'à tant que l'inuestiture soit actuellement deliuree, auquel cas seront mis en leur pleine liberté.

Quinze iours apres l'Empereur & le Roy Catholique retireront toutes leurs troupes d'Italie, & n'y demeurera autres gens de guerre que les garnisons ordinaires qui ont accoustumé d'y estre entretenuës : & dedans le mesme temps sa Majesté tres-Chrestienne retirera toutes ses troupes de Sauoye & de tous les lieux qu'elle y a occupez, sans y laisser aucuns gens de guerre, la laissant libre à M. de Sauoye. La Republique de Venize retirera aussi ses troupes dans ses Estats, & le Duc de Sauoye reduira les siennes au nombre qu'il a accoûstumé d'auoir en ses Estats par Garnisons ordinaires.

Sa Majesté tres-Chrestienne retirera aussi le corps de l'armee qu'elle a en Piedmont, & ne lairra à Suze, Pignerol & autres lieux, que les garnisons qu'elle iugera necessaires pour la garde d'iceux.

Les Princes, Estats ou personnes particulieres, qui auront pris les armes en ceste occasion, ou rendu quelque seruice & assistance à l'vne ou à l'autre des parties, n'en pourront estre cy-apres recherchez ny inquietez en leurs personnes, Estats & biens, sous quelque couleur & pretexte que ce puisse estre.

Le Traicté de Monçon sera actuellement executé, & toutes les contrauentions faites tellement reparees, que les Grisons demeureront en l'entiere & paisible possession de tous droicts de souueraineté ; & generalement de tout ce dont ils iouyssoient auparauant l'an 1627. & que les Valtelins payerõt annuëllement les vingt-cinq mil escus de cens aux Grisons, au lieu de l'vtilité publique & particuliere qu'ils receuoient de la Iustice & magistrature de la Valteline, Comtez de Bormio & Chiauenne, ainsi qu'il est porté par ledit Traitté ; ensemble les arrerages dudit cens iusques au iour de l'execution. Et si l'Empereur ou le Roy d'Espagne auoient quelques gens de guerre, ou occupoient quelques lieux esdites Valteline & Comtez, ils promettent de les retirer incontinent & les laisser libres aux Grisons.

La Republique des Suisses sera conuiee par l'Empereur & les deux Roys, d'interuenir & se ioindre auec les Grisons pour l'entretenement du Traitté de Monçon.

L'Empereur & les deux Roys promettent de bonne foy de faire obseruer & executer toutes les choses cy dessus accordees le plustost qu'il se pourra, & apres qu'elles auront esté effectiuement executees de tous poincts, de faire ce qui s'ensuit, à sçauoir : l'Empereur & le Roy Catholique retirer & sortir toutes les forces qu'ils ont aux Grisons & en toute la Retie, & de laisser les forts qu'ils y ont fait cõstruire, lesquels ils feront razer, laissant tous les susdicts lieux libres aux Grisons, sans qu'à l'aduenir ils puissent plus se saisir d'aucunes de leurs places & passages pour quelque cause & pretexte que ce soit. Comme aussi le Roy tres-Chrestien promet, en consideration & à la priere de Madame la Princesse de Piedmont sa sœur, de donner tout contentement à Monsieur le Duc de Sauoye sur le fait de Suze, Pignerol & autres lieux, qui seront remis à la libre disposition dudit sieur Duc de Sauoye, apres en auoir fait demolir toutes les fortifications qui ne pourront cy-apres estre restablies, ny lesdits lieux fortifiez par ledit Duc de Sauoye, & ses successeurs, sans estre tenu pour infracteur du present Traicté & repos public. Auquel cas l'Empereur & les deux Roys seront obligez de faire reparer par toutes voies, mesmes par les armes, ladite infraction.

Le Duc de Sauoye promet de donner le passage libre par ses Estats de Sauoye & Piedmont au Roy tres Chrestien, toutesfois & quãtes qu'il en sera requis pour passer les armées en Italie pour le secours & deffence de ses alliez & Estats du Duc de Mantouë.

Sont reseruez par le present Traitté les droits & pretensions de la Couronne de France contre la Maison de Sauoye, ainsi que par les Traittez precedents.

A esté arresté qu'en faisant la restitution de Suze, Pignerol & autres lieux detenus par le Roy tres-Chrestien, sa Majesté pourra faire oster & transporter tous les viures & munitions qu'il aura ausdits lieux dedans telle place du Montferrat que bon luy semblera, & que Monsieur le Duc de Sauoye fera fournir les voitures necessaires à cet effect à prix raisonnable, comme aussi qu'il fera porter & mettre à Cazal pareille quantité de bleds, que celle qui a esté deposee de la part du Roy à Nice & Ville-Franche auparauant ces derniers mouuemens. Et que du iour de la signature du present Traitté il ne sera donné aucun empeschement à tous ceux qui viendront porter quelques sortes de viures ou commoditez que ce puisse estre, soit à Cazal, soit à Mantouë, ains au contraire toute la facilité : mesme Monsieur de Sauoye fera fournir des voictures & batteaux necessaires pour y faire conduire iusqu'au nombre de quatre mil charges de bled, si sa Majesté les y veut faire porter incontinent apres la signature du present Traitté.

La recolte ne sera point empeschee à Monsieur le Duc de Mantouë ou à aucuns de ses subjects, par qui que ce puisse estre en aucun lieu de ses Estats de Mantoüe, & Montferrat.

Le Traitté fait à Suze entre le Roy & Monsieur de Sauoye l'an passé mil six cens vingt-neuf, pour la deffence & assistance du Montferrat & Estats du Duc de Mantoüe, demeurera en sa force & vigueur.

Articles secrets.

Bien qu'il ne soit fait aucune mention des pretensions de Madame la Doüairiaire de Lorraine, fille du feu Duc Vincent contre Monsieur de Mantoüe, à cause de l'apparence qu'il y a qu'elles n'ont pas grand fondement, il est remis au

Iugement de la Reyne Mere du Roy trés-Chrestien, de iuger si ladite Dame doüairiaire de Lorraine a droict de pretendre quelque part ou portion en la succession des Estats de Mantoüe : & au cas qu'elle iuge que ladite Duchesse de Lorraine y aye droit, elle pourra declarer ce qui luy doit estre ordonné, & les parties seront tenuës d'acquiescer à son Iugement, & ne leur sera plus libre de chercher autre voye pour terminer leur different.

Cependant la Sauoye estant conquise, à la reserue du Chasteau de Montmelian, en trois sepmaines, le Roy retourne à Lyon, accompagné du sieur Cardinal, & des sieurs de Schomberg & Deffiat.

Le retour de Mazarini fut plus long qu'il n'auoit promis. Les Espagnols & le Duc de Sauoye voyant le Roy quitter son pays, & qu'il s'en estoit allé à Lyon, trouuent de la difficulté, en ce qu'on obligeoit le Duc de Sauoye de ne point fortifier les forts que le Roy luy rendoit, & de donner passage aux armes du Roy pour la deffence des Estats de Mantoüe.

L'interest particulier de Spinola estoit, de trouuer tousiours quelque difficulté en la paix generale, pour auoir le temps de prendre Cazal.

Le Roy reuint de Lyon à sainct-Iean de Morienne. Il creut qu'il n'y auoit point de meilleur moyen pour obliger les Espagnols & le Duc à la paix, que de faire passer en Piedmont les trouppes qui estoient en Sauoye. On y dispose toutes les choses. Mazarini reuient auec les difficultez que faisoient les Espagnols, & apporte vn Traicté de paix concerté & accordé, disoit il, auec Spinola & le Duc de Sauoye: le Roy l'aggrea, on se relaschoit de tout ce qu'on auoit disputé qui empeschoit la paix: car en ce temps là on la desiroit auec tant de passion, que si les Espagnols & le Duc eussent pris leur temps, ils eussent peu tirer de grands aduantages. De fait, que dans ceste impatience & desir violent d'auoir la paix, le Roy enuoya le sieur de Leon pour Ambassadeur à Ratisbonne, où la Diette estoit assemblée. pour informer les Electeurs des raisons qui auoient porté sa Majesté d'entreprendre la deffence du Duc de Mantoüe; quelle voye il auoit suiuy pour paruenir à la paix, les termes mesmes dans lesquels il en estoit, le dessein qu'auoit la Maison d Austriche d'enuahir la monarchie d'Italie : mais auec charge neantmoins d'escouter ce qu'on luy proposeroit pour la paix. Le sieur de Leon escrit au Roy, qu'il auoit trouué grande disposition à la Cour de l'Empereur pour la paix generale : le Roy luy enuoya pouuoir pour la traicter, & les conditions soubs lesquelles il y vouloit entendre.

On ne perdoit toutesfois point de temps, l'armée de Piedmont fortifioit Pignerol & Bricqueras, & ne fit pas grand effect depuis le depart dudit sieur Cardinal. Elle se presenta deuant Vigon, & ne l'attaqua pas, elle prit Iauannes pour fauoriser le passage de l'armée que l'on deuoit enuoyer en Piedmont.

Mazarini part de sainct Iean de Morienne auec les propositions de paix accordées par les deux parties. Mais quand il arriua vers Spinola, il trouua qu'il n'auoit plus de pouuoir de traicter la paix; Que le Roy son Maistre l'auoit reuoqué, & luy en monstra la lettre, par laquelle il luy escriuoit, *Que la grande affection qu'il auoit euë à la paix l'auoit en fin rendu difficile, qu'il escoutast doresnauant les propositions que l'on en feroit sans rien resoudre.*

Spinola disoit, que le Duc de Sauoye auoit enuoyé l'Abbé Scaglia en Espagne pour cet effect, que l'extreme ialousie & inimitié que le Duc de Sauoye auoit conceuë contre luy, pour n'en auoir voulu dependre, & prendre loy de luy, auoit fait reuoquer son pouuoir.

Dés ceste heure les negotiations de paix furent rompuës, le Roy s'en reuient de sainct Iean de Morienne à Lyon. L'armée du Roy qui estoit en Sauoye, composée de dix mil hommes de pied, & mil cheuaux, conduits par les sieurs de Montmorancy & Marquis Deffiat, passe les mõts, le sixiesme Iuillet elle arriue à Suze, elle fut logée à sainct-Ambroise prés de Veillanne, le Mareschal de la Force qui estoit à Iauennes, s'en alla à sainct-Ambroise, où les sieurs de Montmorancy & Deffiat s'estans trouuez ils resolurent que le lendemain dixiesme Iuillet l'on feroit aduancer les trouppes, l'armée des ennemis ne faisant point de contenance de se vouloir opposer au passage.

Dés le lendemain le bagage de l'armée, & les trouppes mesmes commencerent à filler fil à fil, la plus grande partie de la cauallerie & infanterie estant passée, & n'y restant plus que huict compagnies du Regiment des gardes du Roy, les Regimens de Picardie, Rambure, & partie de celuy de Normandie auec les gensdarmes & Cheuaux legers de la garde du Roy, les gensdarmes du sieur de Nouailles ; Les sieurs de Montmorancy & Deffiat faisant la retraicte, furent attaquez & pressez par celle de l'Empereur, que le Duc de Sauoye auoit prés de luy, auec tant de courage, que l'infanterie de l'armée du Roy prit l'effroy & estoit repoussée, & la victoire comme asseurée aux ennemis. Ceste necessité donne vn prompt conseil aux sieurs de Montmorency & Deffiat de donner eux-mesmes auec la cauallerie : la Cauallerie ennemie ayant esté desfaite, leur infanterie prit l'effroy, en sorte que les Generaux auec trois ou quatre cens cheuaux defirent l'armée de ces brauaches Imperiaux : le Prince Doria, six Capitaines du Regiment de Gallasse furent pris prisonniers, le Regiment à vauderoute, les drapeaux emportez, trois cornettes, & sept à huict cens hommes morts ou prisonniers: en ceste occasion on remarqua la grande valeur & signalée prudence aux Generaux de l'armée.

Le principal dessein du Roy, voyant la paix desesperée, estoit de faire prendre à l'armée des postes fort aduantageuses, & de choisir son temps pour entreprendre ou attendre que les ennemis fussent disposez à la paix, à quoy l'on croyoit que la crainte d'vne si puissante armée les prouoqueroit : car pour le secours de Cazal il passoit lors pour impossible; la pensée de ceste paix eust esté suiuie d'effets sans la prise de Mantoüe.

Les ennemis auoient diuisé leur armée, le moindre nombre estoit resté deuant Cazal, ils auoient à la campagne de puissantes trouppes pour empescher le passage de Po, & des Estats de Sauoye.

L'armée du Roy descendit à Cumianne, auec dessein d'aller prendre la poste de Vigon. Estant amassée, on propose aux Generaux vne entreueuë sur Reuel. L'armée s'y achemine : cete entreprise ne reüssit pas, mais elle produit vn meilleur effet, car ceux de Salluce croyans que l'on alloit à eux vindrent au deuant pour traicter. On les receut : & ainsi la ville de Salluces fut prise à l'heure que l'on y pensoit le moins. Le Duc auoit enuoyé le Caualier Balbien, & trois cens hommes dans le chasteau, auec commandement d'y tenir. Il resista quelques iours : mais faute de secours le caualier auec les gens de guerre se rendirent prisonniers de guerre.

Le Duc voyant que la frayeur estoit dans ses Estats, pour les asseurer fut loger à Sauillan auec son armée. Là il receut nouuelles de la prise de Mantoüe. On ne peut rien adiouster à la ioye qu'il tesmoignoit de ceste conqueste, il en fit de grandes festes dans son armée & dans ses Estats, comme en effect la prise de Mantoüe fit grand preiudice aux affaires du Roy en Italie : mais neantmoins comme la ioye porte le dueil en crouppe, six iours apres il mourut, l'on ne sçait si se fut à force de rire ou de pleurer apres auoir pensé à ceste prise.

Deslors il se tint conseil pour s'aduancer vers Cazal. Les ennemis estoient assez foibles, on esperoit que la mort du Duc apporteroit quelque changement, & craignoit-on que Mantoüe estant pris, l'armée qui y estoit ne vint en Piedmont, comme elle fit. Le Marquis Deffiat pressa fort cet aduis : mais la plus grande, non pas la meilleure, opinion preualut ; l'armée fut à Renel pour se rafraischir, où la peste commença fort à s'eschauffer ; on delibera d'aller prendre Ville-franche : & les retranchemens, & le pont de Pancallier. Le sieur de Montmorancy mena l'auant-garde, & s'aduança à Ville-franche, il logea dans le bourg, & fit inuestir le chasteau, les sieurs de la Force & Deffiat conduisoient les deux autres corps & l'artillerie. L'auant-garde estant rafraischie, & le reste de l'armée arriuant, le sieur de Montmorancy auec l'auant-garde s'en alla saisir des retranchemens de Pancallier, & fut le chasteau battu par le Mareschal de la Force, qui se rendit à composition deux iours apres.

On enuoya le sieur de la Trimoüille auec sept ou huict compagnies de caualerie, pour recognoistre ce qu'il y auoit à Carignan. Les ennemis en furent chassez d'abord, & les logemens pris, dans lequel il fut mis seulement deux sergens & quarante soldats dans le chasteau pour ce iour.

Le Duc de Sauoye y reuint le lendemain auec son armée, & fit conduire du canon pour battre le chasteau, & s'y estoit logé fort à propos pour attaquer & se deffendre ; on y enuoya les Regimens de la Meilleraye, Long-jumeau, & Lauzieres, commandez par le Marquis de la Force : le sieur Deffiat y fut pareillement auec quatre autres Regimens, & trois cens cheuaux. Ce qui força le Duc & toute son armée de quitter le

logement

logement qui fut gaigné pied à pied.

Les ennemis commencerent à faire vn trauail au deçà du Po, pour se rẽdre maistres du pont de Carignan. On le mesprisoit au commencement : mais comme on le veid aduancé, on resolut de l'attaquer, pource que les ennemis se logeans au deçà le pont, ils eussent incommodé l'armée faisant retraicte, laquelle elle ne pouuoit faire qu'en deffilant. Les Generaux firent venir la plus grande partie de l'armée qui estoit restée à Pancalier : & sur les six heures du soir douze cens hommes tirez de vieux Regimens qui estoient en l'armée, ayans receu commandement pour aller recognoistre ces trauaux, ils les emporterent d'emblée, auec perte de plus de cinq cens hommes des ennemis, ou tuez ou noyez en fuyant, les sieurs Duc de Montmorancy, de la Force, & Deffiat y estoient en personne.

Ceste action ne produisit aucun fruict, car on n'auoit pas dessein de passer à Cazal, on estoit encores dans la croyance de l'impossibilité du secours, l'armée du Roy estoit trop foible, celle des ennemis auoit esté fortifiée par les trouppes qui estoient venuës de Mantoüe ; les deux armées auoient crainte l'vne de l'autre, & il se trouua que chacun couppoit le pont de son costé apres que les retranchemens des ennemis furent emportez.

La peste ne permettoit pas de demeurer long-temps en vn lieu, on quitte Carignan, & on retourne à Pancallier, & à Violle. Là on receut la nouuelle que l'armée que conduisoit le Mareschal de Schomberg nouuellement venuë de Sauoye, auoit pris les retranchemens de Veillanne, & qu'elle assiegeoit le chasteau. Il fut resolu d'aller loger à Riuolles pour fauoriser le siege, & on y demeura iusques à la prise du chasteau de Veillanne, & de celuy de sainct-Michel, qui se rendirent l'vn & l'autre par composition, & par vn mesme manquement d'eau.

Spinola suiuant ses desseins continuoit le siege de Cazal, il auoit pris vn fort que le sieur de Thoiras, qui deffendoit la place, auoit fait faire de deçà le Po pour demeurer le maistre du passage de la riuiere. Il faisoit trois attaques au mesme temps, l'vne au chasteau, & les autres à la ville & à la citadelle : il delaissa celle du chasteau, & pour celle de la ville il n'aduançoit pas beaucoup. La citadelle estoit la plus pressée, les deffences du bastion de sainct-Georges, qui est celuy que l'on attaquoit, estoient ruinées. Il y auoit deux galleries que les ennemis auoient faites aux deux costez de l'angle du bastion, qui estoient desia aduancées à vne toise de la muraille : toutesfois vne grande demie-lune, qu'auoit fait faire le sieur de Thoiras entre le bastion sainct-Georges & celuy d'vn autre bastion, ny les deux petites demie-lunes qui la deffendoient n'estoient pas encores prises. En ce siege ledit sieur de Thoiras & les François qui l'ont assisté, ont acquis grande reputation parmy les estrangers, pour auoir deffendu ceste place auec prudence, valeur de courage & dexterité: toutes ses entreprises ont esté faites & executées auec grande conduite & grand aduantage.

Spinola l'assiegea auec treize mil hommes, & n'en retira que trois ou quatre mil au plus, le surplus estant mort de maladie, ou a esté tué ; car le Marquis n'ayant point voulu donner quartier, on tuoit tout de part & d'autre, & à la fin du siege il ne s'est point trouué de prisonniers.

Les necessitez & incommoditez du siege commençoient à presser les assiegez, la peste estoit fort eschauffée dans la ville, & dans la citadelle l'argent manquoit, les habitans commençoient à se lasser, & ayant perdu la recolte de leurs bleds, ils vouloient mesnager leurs vendanges, le deffaut des hommes estoit le plus grand qu'il y eust en la place.

Pendant ce siege le sieur de Thoiras escriuoit souuent aux Generaux de l'armée du Roy. Ses dernieres lettres marquoient tous les deffauts qui estoient dans la place, & le desir d'estre secouru : il les faisoit fort grandes, & les deux dernieres depesches portoient, qu'on n'auoit peu obtenir des habitans que iusques à la fin de Septembre, apres lequel temps ils rendroient la ville ; ils estoient les plus forts, & les moins affectionnez à la deffence. La faction Espagnole en auoit gaigné quelque partie, les autres estoient tellement lassez des deux sieges, & de trois années de guerre, qu'ils ne respiroient que d'estre à quelque Prince qui les peust puissamment deffendre, & les faire paisiblement iouïr de leurs biens. Ces mesmes depesches portoient qu'il n'y auoit des viures que iusques au vingt-cinquiesme Septembre.

Ces aduis donnoient de l'apprehension aux Generaux des armées du Roy : & ce qui l'augmenta de beaucoup, fut la desbauche des Chefs, qui fut telle, que plusieurs demandoient la dissipation de leurs compagnies pour auoir subiet de quitter l'armée ; chacun disoit qu'il n'y auoit plus que des malades dans leurs trouppes ; tellement que comme vn grand mal estouffe le moindre, le secours de Cazal passoit lors pour vne resuerie, ayant à veiller & pouruoir à toute l'armée.

Le cinquiesme Aoust Mazarini vint, l'armée estant pour lors à Riuoille. Il croyoit qu'aucun n'eust le pouuoir de traicter la paix generale, quoy que le sieur Deffiat l'eust en main ; il proposa vne trefve generale, soubs des conditions que l'on ne pouuoit gouster, qui estoient de remettre la ville & le chasteau de Cazal entre les mains de Spinolá. Ses moyens pour persuader ce depost estoient, qu'il n'y auoit qu'vne seule difficulté à la paix ; à sçauoir, que les armes du Roy ayant prins Pignerol, celles de l'Empereur Mantouë, celles du Roy son Maistre n'auoit encores rien fait. Pour preuue de son discours, il disoit auoir leu vne lettre escrite par le Roy Catholique à Spinola, par laquelle il luy mandoit, que pendant que les armes de l'Empereur son oncle, & celles des autres Princes qui estoient en Italie, faisoient progrez, les siennes demeuroient oisiues : & partant qu'il falloit tirer l'interest de Spinola dehors. Si l'on eust eu pouuoir d'accepter la paix soubs ces conditions, & mettre la ville & le chasteau de Cazal entre les mains de Spinola soubs des ostages & promesses de les restituer dedans vn temps conuenu par les articles secrets ; elle eust esté faite pour lors. Mais comme on n'en auoit pas le pouuoir, qu'il falloit vne suspension d'armes, qui pourroit produire la paix, fit ce mesme effect pour couurir l'honneur de Spinola : le sieur Deffiat accepta les dernieres offres, & lors il fit voir à Mazarini qu'il auoit pouuoir de traicter la paix. Comme Mazarini vid le pouuoir, il excepte le droict d'vn tiers, dit que le Marquis de Spinola n'auoit point de pouuoir d'Espagne de traicter la paix depuis que le Duc de Sauoye luy auoit fait reuoquer : & partant qu'il falloit penser à la suspension : mais qu'il taschoit d'en adoucir les conditions. Et afin que rien ne peust rompre ceste negotiation, on fit vne treve de trois iours. Depuis l'armée estant à Riuole elle fut continuée, pourautant que ces petites treves estoient fort aduantageuses à l'armée du Roy, car elles donnoient la commodité de fuir la peste, & viure en s'eslargissant.

Pendant ceste treve on receuoit des lettres du sieur de Thoiras, qui faisoient desesperer de Cazal plus que n'auoient fait les autres.

Mazarini reuint auec des propositions de suspension, elles furent examinées par les sieurs de Montmorancy, de la Force, de Schomberg, & Deffiat; & par leur aduis, & des autres Officiers de l'armée, il fut conclu qu'il y auroit suspension d'armes iusques au quinziesme d'Octobre.

1. Que pendant ce temps tous actes d'hostilité cesseroient, & les attaques & trauaux de Çazal de part & d'autre.

2. Que l'armée du Roy pourroit loger en tous les lieux delà le Po, hors Cahona & Reuel, & delà le Po aux lieux qu'elle y tenoit.

3. Que la ville & chasteau de Cazal seroient deposez entre les mains de Spinola, auec promesse de les rendre, si dans le trentiesme Octobre la citadelle estoit secouruë, en sorte que l'armée du Roy eust libre communication auec la citadelle : Et si dans ledit iour trentiesme la citadelle n'estoit pas secouruë, qu'elle seroit liuree audit Marquis, & pour cet effet, que l'on luy donneroit deux personnes de condition estans dans la place, pour ostages de cette promesse.

4. Que les Espagnols seroient obligez de fournir des viures en payant au iour la iournee, iusques au trentiesme Octobre.

Cette suspension a esté condamnee de tout le monde, quoy que peu de personnes en sceussent les raisons. Ceux qui la deffendoient, disoient, que si elle produisoit la paix, ou le secours de Cazal, elle seroit fort approuuee, autrement qu'il n'y auoit point moyen de s'excuser.

Colalte, Spinola & le Duç de Sauoye, qui la demandoient, & les Generaux de l'armee du Roy qui l'accordoient, auoient tous leurs desseins & raisons differentes.

Spinola se voit auec quatre mil hommes deuant Cazal; Il ne pouuoit auoir de troupes de Colalte, lequel ialoux contre luy, s'excusoit sur ce qu'il auoit commandement de l'Empereur de deffendre le passage du Po, & les Estats du Duc de Sauoye: disant qu'il vouloit garder des troupes pour cet effect. La place, pour dire vray, (sauf l'honneur deub à la memoire d'vn grand Capitaine,) estoit tres-mal attaquee. Il voit son honneur perdu dans le monde, & sa fortune en compromis dans l'Espagne; il creut qu'il n'y auoit point d'autre moyen pour se sauuer que par ce Traicté, esperant durant la suspension de faire aduancer des troupes pour se deffendre contre le secours.

Alors le Duc de Sauoye commēça à tesmoigner de desirer la Paix, & disoit que la suspension estoit vn moyen pour y paruenir. Mais on a creu que son dessein estoit de faire prendre Cazal, encore que son interest ce semble y estoit; mais il auoit conuenu auec les Espagnols la demolition, & on auoit pris les seuretez; & pour venir à bout de son dessein auec plus d'asseurance, il voulut reduire Cazal en estat que les François en peussent cognoistre la perte asseuree, & par cette cognoissance, il croyoit de les obliger à consentir la demolition eux-mesmes, plustost que veoir la place reduite entre les mains des Espagnols.

Les Generaux de l'armée du Roy auoient plusieurs raisons pour consentir ceste suspension.

La premiere, ceste desbauche generale qui estoit dans les esprits des gens de guerre.

La quantité des malades qui estoient dans les trouppes, & le peu de caualllerie qui estoit à l'armée.

L'extreme necessité dans laquelle on escriuoit que Cazal estoit reduit, qui faisoit croire qu'auant que pouuoir y arriuer la ville seroit perduë; ils aimoient mieux la perdre, & auoir pour excuse la foy d'vn Traicté, que ne la pouuant deffendre par la force des armes, la perdre par impuissance.

Mais l'vne des principalles raisons, fut la certitude que leur donnoit Mazarini, que ceste suspension produiroit vne Paix, qui estoit tant desiree; & la promesse que leur fit Mazarini, que le Duc se ioindroit aux armes du Roy, si les Espagnols n'acordoient la Paix generalle, sous des conditions cydeuant concertees auec Spinola mesme : Et il promit que le Duc en escriroit vne lettre à Madame, de laquelle on enuoiroit vne coppie aux Generaux des armées du Roy.

On auoit recherché le nouueau Duc auec tant de passion, iusques là, que Monsieur le Comte de Soissons auoit enuoyé du consentement du Roy plusieurs Gentils hommes vers la Princesse de Carignan, pour voir si estant à la cour de Thurin il pourroit prendre quelque occasion pour l'y disposer; Le Roy mesme y auoit enuoyé le Marquis de Breze pour voir Madame, sur le subiect de la mort du deffunct Duc, pour prendre pretexte de mesnager l'accommodement auec le Roy. Les Generaux creurent que s'il se trouuoit occasion d'auoir la paix ou d'atirer le Duc pour le ioindre aux armes du Roy, on ne la deuoit pas perdre.

Ceste suspension donc fut signee par les Generaux le quatriesme iour de Septembre, auquel iour l'armee deslogea de Riuole & s'en alla loger à Vineux, Braca & autres villages circonuoisins, à la faueur de la treve particuliere, qui continuoit, iusques à ce que l'on eust eu aduis que la generale eust esté signee des Espagnols & executee.

On separa alors les malades de l'armee, & se trouua treize mil six cens hommes de pied sains, & neuf cens hommes de cheual en l'armee des sieurs de Montmorency, de la Force & Deffiat; & en celle que commandoit le Mareschal de Schomberg six mil hommes de pied & quatre cens cheuaux.

Ce nombre de gens de guerre donna suject aux Generaux de penser à ce qui se pouuoit faire. Ce bruit s'estant respandu dans l'armee, qu'on donnoit la ville & Chasteau de Cazal, pour ce que lon croyoit le secours impossible, chacun releua son courage, aucuns picquez d'honneur, les autres pour tesmoigner qu'ils estoient prests; & le plus grand nombre, parce qu'on ne voulust plus aller au secours de Cazal le desiroient, & blasmoient la resolution qui auoit esté prise au contraire, notamment sur le depost de la ville & Chasteau de Cazal és mains de Spinola.

Ce grand changement dans l'Armee fit changer d'aduis aux Generaux; le Marquis de Brezé fut choisi pour aller executer ceste suspension, & on luy donna vne instruction de ne point entrer en l'execution de ce qui auoit esté traicté, qu'il n'eust veu le sieur de Thoiras, & luy eust dit le doubte dans lequel estoient les Generaux, si la place pouuoit estre encore deffenduë iusques à ce que le secours peust arriuer; que c'estoit ce qui auoit donné lieu à ceste suspension; Que s'il croyoit pouuoir attendre le secours sans peril; que les Generaux estoient resolus de venir auec l'Armee du Roy, & qu'il auoit charge, cela estant, de ne point remettre ce Traicté qu'ils auoient signé, & de ne point prendre celuy des Espagnols.

En ce temps Spinola tomba fort malade, on enuoya querir le Marquis de Saincte-Croix, en sorte que le Marquis de Brezé ne trouuoit personne auec lequel il peust traitter. L'occasion de rompre estoit fort propre. Le Marquis de Brezé veid le sieur de Thoiras, luy communiqua le Traitté de suspension qu'auoit fai Messieurs les Generaux de l'armee, l'aduertit des raisõs qui les y auoit obligez, & la charge qu'il auoit de n'entrer point à l'execution s'il estoit en estat d'attendre le secours. Le sieur de Thoiras respondit qu'il deffendroit la place autant qu'il pourroit, & qu'il iugeast luy-mesme de l'estat auquel elle estoit, de ses incommoditez, & des forces des ennemis. Le plus grand deffaut estoit de celuy des hommes, qui estoient lassez de la longueur du siege, pressez des incommoditez, & prouoquez par le bon traictement que leur faisoit Spinola, & par l'argent qu'il leur donnoit en quittant la place, s'enfuioient de telle sorte que personne ne se vouloit rendre garend de l'euenement. La suspension fut donc executee de tous poincts auec les Espagnols: la ville & Chasteau de Cazal leur furent remis. L'incertitude dans laquelle estoient les Generaux si ceste suspension auoit esté executée, fit que lon se disposoit au secours de Cazal, les troupes auoient porté leurs bagages & drapeaux à Pignerol, & Veillanne, l'artillerie estoit preste, & des viures pour dix iours.

Le sieur de Brezé raporta la nouuelle de l'execution de ceste treve, dont le sieur de Montmorency ayant eu aduis s'en reuint en France, & on raporta le Marquis Deffiat malade. Le commandement estant demeuré aux sieurs de la Force & de

Schomberg de la principalle direction des negotiations. Le sieur de Schomberg donc commença à penser ce qui estoit necessaire pour le secours de Cazal.

L'armee estoit affligee de peste · estant en corps elle augmentoit ; & si elle n'eust pris le large elle eust pery.

Soubs la faueur de cette suspension on logea les troupes tant deçà que delà le Po, aux lieux que le Traitté le permettoit, en sorte que les villages & bourgs fournissoient de bled pour nourrir les troupes qui y estoient logees, n'y ayant qu'vn Regiment ou deux tout au plus en chaque lieu, apres lequel pendant ce temps de la suspension, Saluce & Ville-franche furent choisies pour faire la prouision necessaire pour aller au secours de Cazal.

On commença deslors à preparer le pain de biscuit, dont le sieur d'Hemery prit le soin.

Il y auoit plusieurs difficultez qui se presentoient à l'execution de cette entreprise ; la premiere estoit de passer au pays ennemy vingt ou trente lieuës sans places & sans retraitte.

La croyance que l'on auoit qu'il falloit combattre chaque iour és lieux aduantageux pour les ennemis, rendoit cette entreprise hazardeuse.

Les Generaux aprehendoient que les ennemis ne prissent resolution de se retrancher deuant Cazal, & que lon ne fust obligé à vn siege pour emporter leur retranchement.

La difficulté des viures pour nourrir l'armee allant & retournant de Cazal, & pour la faire subsister pendant que lon seroit obligé à y seiourner · & sur tout pour mettre des bleds dans la place auant que de reuenir, donnoit plus d'aprehension que le reste.

Pour nourrir l'armee en allant & retournant, & y auoir pour viure pendant le sejour que l'on y feroit, les Generaux prirent resolution d'aller dans le Milannois y chercher des viures, & pour en mettre dans la place, de porter de l'argent & de payer le bled à vn si haut prix que cette cherté causast l'abondance ; laissant la liberté aux habitans de s'en pouruoir : Car d'en porter pour tous ces trois effects, il estoit impossible. La necessité donnoit des conseils ; car il y alloit de l'honneur des armes du Roy, & de son commandement exprez de partir

tir le quinziesme Octobre & de tenter le secours de Cazal: Les Generaux, que l'on blasmoit d'auoir donné la ville & le Chasteau de Cazal, vouloient les retirer & les remettre au Duc de Mantoüe.

Mazarini n'estoit point venu depuis le Traitté de suspension: Le Mareschal de Schomberg l'attendoit auec impatience pour auoir la lettre du Duc de Sauoye qu'il auoit promise, comme la suspension les chargeoit, & aussi pour commencer à traicter de la Paix generale. Il fut à la Mante le premier iour d'Octobre: à ce voyaye il ne fit qu'aporter le pouuoir qu'auoit Colalte de faire la Paix: le sieur Mareschal de Schomberg luy donna le sien pour le faire voir à Colalte. Quant à la lettre du Duc de Sauoye, il la vouloit faire, mais à condition que se remettant auec le Roy on luy rendroit ses Estats. Les Generaux refuserent cette condition, parce qu'elle eust esté contre l'honneur du Roy, de rendre ce qu'il tenoit pour faire faire raison au Duc de Mantoüe, sans que l'on remist le Prince en ses Estats.

D'ailleurs ce pourroit estre vn artifice des Espagnols & du Duc de Sauoye, lesquels par concert fait entre-eux, eussent voulu sur la foy d'vn Traicté, recouurer des Estats qu'ils ne pouuoient acquerir que par des longues Guerres. Ceste proposition fut donc refusee; dés ce voyage les Generaux iugerent bien qu'il falloit penser au secours de Cazal, pour ce subiect on redoubla les soings pour preparer les choses necessaires pour y aller.

Mazarini reuint quatre iours apres, & raporta que le sieur de Leon Ambassadeur du Roy aupres de l'Empereur, traictoit à Ratisbonne auec sa Majesté Imperialle la Paix generale, sous des conditions si aduantageuses pour l'Empereur, qu'il estoit impossible que Colalte s'en entremist, si on ne luy accordoit les mesmes aduantages, & que le sieur de Leon estoit desia conuenu de la pluspart, & entre autres, que le Roy promettoit de ne point assister directement ou indirectement, par soy ny par autruy, soit à force ouuerte, d'argent, ou conseil, ceux que l'Empereur declareroit ses ennemis & de l'Empire, & que cet article estoit accordé; qu'il traictoit fort auant de la demolition de la Citadelle: c'est

L

pourquoy il n'y auoit nulle apparence de traicter auec Colalte des faicts que l'Empereur escriuoit qu'il traittoit luy mesme, encores qu'il n'eust point reuoqué son pouuoir.

La nouuelle que le Duc de Sauoye, Mazarini & Colalte receurent, que lon auoit traduit la negotiation de la Paix à Ratisbonne, les mit tous trois au desespoir : Collalte, parce qu'elle luy ostoit le pouuoir de faire conclure la Paix; le Duc, pource qu'il vouloit estre & partie & entremetteur, & vouloit auoir l'honneur de l'auoir faite ; il croyoit aussi que n'y estant pas, luy qui en estoit le promoteur, elle ne se feroit pas sans luy : Et à Mazarini on luy ostoit son prix, qui estoit de faire la Paix. Les Generaux de l'armee du Roy n'en estoient pas aussi trop satisfaicts, & ce mescontentement estoit assez general, & l'effect en eust esté tres-mauuais.

Mazarini reuint la troisiesme fois, pour dire que si on vouloit traicter & accorder les mesmes conditions qui auoient esté desia arrestees à Ratisbonne, que Colalte traicteroit le mesme iour: & que si le sieur de Leon n'auoit point accordé cet article, par lequel le Roy renonçoit au secours de ses alliez, qu'il demeureroit nul. Mais ceste proposition estoit si fort contre l'honneur du Roy, que le Mareschal de Schomberg n'y voulut pas entendre, & prit le hazard du secours de Cazal.

En tous ces voyages Mazarini proposoit tousiours vne prolongation de la treve, afin que les Espagnols le peussent receuoir (disoit-il) le pouuoir qu'ils attendoient, pour ne rien rompre. Mais les Generaux croyans que ce n'estoient quartifices pour attendre des nouuelles forces, & pour ruyner l'armee du Roy, laquelle il eust esté mal-aysé de retenir, parce que chacun eust creu que ces prolongations eussent tiré la fin de cette affaire à l'infiny ; Ce iour prefix du quinziesme Octobre ou de la Paix, ou du secours, retenoit tous les esprits, à cette occasion ceste prolongation fut refusee.

Pendant ce temps-là le Duc de Sauoye enuoya Gabeleon au Marquis de Saincte-Croix, qui commandoit au lieu de Spinola, qui estoit decedé à loisir pendant ceste suspension, pour sçauoir de luy s'il ne luy enuoyroit pas ses troupes pour deffendre le passage aux François dans ses Estats ; ainsi qu'il auoit esté conuenu auec deffunct Spinola. Mais les Espagnols se resolurent de garder leurs troupes & de rappeller quatre ou cinq mil hommes qu'ils auoient aupres du Duc. Ceste nouuelle le fascha fort, ses Estats estans par ce moyen en proye.

Le sixiesme Octobre Madame escriuit au Mareschal de Schomberg, qu'on enuoyast le sieur d'Hemery aupres d'elle, pour luy communiquer quelques affaires concernans le seruice du Roy. Le sieur d'Hemery y fut enuoyé. Madame luy fit des propositions de prolonger la treve, & pour receuoir le Duc de Sauoye neutre.

Les raisons pour prolonger la treve estoient, que le Duc s'asseuroit dans le vingtiesme receuoir des nouuelles de la Paix faicte à Ratisbonne, & celles pour estre receu neutre; qu'il ne pouuoit pas passer en vn iour d'amy à ennemy; qu'il seroit mal seant & peu conuenable, qu'vn mesme Soleil d'vn iour vist deux qualitez contraires en sa personne, & que demeurant neutre apres auoir donné vne suspension si honorable aux Espagnols iusques au quinziesme Octobre, pour faire la Paix, & y auoir encores adiousté vn nouueau delay, il ne seroit iamais accusé d'infidelité. D'ailleurs, qu'il stipulleroit que tous les Estats que tenoit le Roy, luy demeurassent en depost, iusques à ce que les Espagnols eussent rendu ceux qui appartenoient au Duc de Mantouë, & qu'il s'obligeroit de ne point rauoir ses Estats ny par ses forces ny par celles des autres Princes; que de neutre il se declareroit amy & allié en peu de iours, pour obliger les Espagnols à la restitution des Estats du Duc de Mantouë, de laquelle dependoit la restitution de son propre: mais que ceste neutralité donneroit aux Espagnols vne si grande ialousie, qu'ils feroient asseurement la Paix, & par ainsi qu'il sortiroit de ceste affaire auec honneur; & que le Roy qui ne vouloit que la Paix de l'Italie, l'auroit asseurement, & offroit de fournir des viures sous-main, & de faciliter les passages.

Le sieur d'Hemery fit entendre ces propositions & raisons aux Generaux de l'armee, qui refuserent l'vne & l'autre prolongation & neutralité: sçauoir la prolongation, pour les mesmes raisons pour lesquelles elle auoit esté cy-deuant reiettee ; & pour la neutralité, qu'ayans esté si souuent deceuës ils creurent que c'estoit vn nouuel artifice, qui n'alloit qu'à asseurer les Estats du Duc de Sauoye, & donner moyen auec seureté aux troupes des ennemis de se ioindre tout ensemble aupres de Cazal pour faire vn plus grand effect ; & que n'accordans pas ceste neutralité, le Duc de Sauoye seroit obligé de retenir des troupes, & par ce moyen diuiseroit les forces des ennemys : au lieu que s'il se defaisoit de ses troupes, l'affaire de Cazal ne pouuant pas reüssir le Roy pourroit rentier ou faire quelques progrez contre les Estats de Sauoye ; c'est ce qui fut traicté en ce voyage.

Le sieur d'Hemery estant de retour Madame rescrit au Mareschal de Schomberg & à luy pour y retourner. Le Duc de Sauoye se voyant pressé, propose lors qu'on luy accordast vne suspension de huict iours, dans lesquels si la Paix ne se faisoit il se declareroit ouuertement pour le Roy: Les Generaux luy accorderent, si deslors il se vouloit declarer pour le Roy de luy rendre la Sauoye, le Marquisat de Salluce, & ce qu'on tenoit de ses Estats, hors Suze, Pignerol, Veillanne, & Briqueras ; & prirent toutes ses propositions & prolongations pour artifices. Mais en effect le Duc de Sauoye, qui croioit estre interressé en honneur & en la creance qu'il auoit donnee, que l'on ne pouuoit faire le secours de Cazal sans luy ; voyant qu'on se disposoit pour en venir à bout, marchandoit : Comme en effect depuis la prise de Veillanne, recognoissant qu'il n'y auoit rien à profiter pour luy d'attaquer les armes du Roy, il auoit tousiours souhaité la Paix, sans penser plus à la prise ny à la demolition de la Citadelle de Cazal.

Pendant la suspension partie de l'armée du Roy qui estoit en Champagne, passa les mōts. Iamais armée ne fut si souuent rafraischie d'hommes, ny si puissamment secouruë d'argent: & il y auoit vn si grand nombre de trouppes, que les Generaux en laisserent vne partie à Veillanne, allant au secours de Cazal, auec deux cens mil escus d'argent, & choisirent vingt mil hommes de pied, & cinq cens cheuaux, soubs le commandement du Marquis de Tauanes, pour tenir le Duc en ialousie,

& l'obliger à tenir des trouppes en ses places, & ainsi diuiser les forces des ennemis.

Le treiziesme on fit partir l'equipage de l'artillerie de Pignerol, pour se rendre à la plaine de Scarnafix le quinziesme. Et le mesme iour les trouppes, ausquelles il falloit trois iours pour s'y rendre, partirent aussi. On fit la distribution des viures, & on donna à chaque soldat pour quatre iours du pain qu'il portoit, & aux Capitaines pour dix iours de biscuit pour leurs soldats, qu'ils faisoient porter sur leurs cheuaux, s'estans deschargez de leurs bagages quelques iours auparauant: & leur fit-on encores donner pour huict iours de farines, & des mulets pour les porter. Ce qui ne se fait point sans grands fraiz.

L'armée part des lieux où elle estoit logée, & passe le Po à Guaye-Carot, & elle se rendit le quinziesme Octobre à Scarnafix: & apres y auoir seiourné vn iour pour disposer toutes choses, & attendre l'artillerie, on s'en alla iusques à Cazal sans auoir trouué resistance. Ce qu'il y auoit des trouppes des ennemis, deslogerent tousiours sans combattre, à la veuë de l'armée du Roy.

Madame de Sauoye escriuit au sieur Mareschal de Schomberg de luy renuoyer encore le sieur d'Hemery, qui s'y en alla: Le Duc demandoit, qu'outre les offres que lon luy auoit faites, on luy rendist l'vn des deux passages, Suze, ou Pignerol, & qu'il se declareroit, & que le Roy gardast l'autre, iusques à ce que le Duc de Mantouë fust remis dans ses Estats: mais les Generaux persistoient aux offres qu'ils auoient faites de luy rendre tout, hors les quatre places.

Si la nouuelle de la paix de Ratisbonne ne fust arriuée, apres auoir long-temps marchandé, ceste affaire eust esté terminée. Le Duc de Sauoye estoit fort empesché, il ne vouloit pas que Cazal fust secouru sans luy, il le voyoit en estat de l'estre bien-tost: il craignoit, & non sans raison, que si l'armée des Espagnols estoit desfaite, ses Estats demeureroient en proye, parce qu'il n'auoit plus de trouppes; & commença alors de doubter de la demolition de Cazal, & de la foy des Espagnols: il balançoit fort ce qu'il auoit à faire, & estant vny auec les Espagnols il entretenoit tousiours ses negotiations auec les François, pour estre en estat de prendre le meilleur party selon le succés.

Le sieur d'Hemery vint à Cunela le quinziesme Octobre où estoit l'armée : Mazarini y arriue le mesme iour, portant vn Traicté de paix semblable à celuy qui auoit esté proiecté cy-deuant entre le sieur Cardinal & Spinola, que ledit Mazarini auoit aapporté de sainct-Iean de Morienne. La seule difference consistoit en l'article qui parloit de la demolition de la Citadelle de Cazal, qui fit reietter ce Traicté; qui ne seruit qu'à faire voir que les Espagnols, qui iusques-là auoient dit n'auoir pas le pouuoir de traicter la paix, l'auoient en effect, & fit cognoistre le dessein qu'ils auoient de la demolition de Cazal; neantmoins ils se fussent relaschez de ceste condition, sans le Traicté de Ratisbonne.

Le mesme iour le sieur de sainct-Estienne, enuoyé par le sieur de Leon, arriue à Cunela, apporte le Traité de la paix faite à Ratisbonne, auec lettre du sieur de Leon pour en aduertir les Generaux, dans lequel y auoit vn article, par lequel tous actes d'hostilité deuoient cesser entre les armées aussi-tost que les Generaux en auroient cognoissance. Gabaleon enuoyé de la part du Duc de Sauoye auec des lettres de Mazarini, portoit les mesmes nouuelles de la paix de Ratisbonne, auec charge de dire au Mareschal de Schomberg, que pour affermir ceste paix, & asseurer le Montferrat, il falloit penser à la demolition de Cazal. Ce Traicté de paix contenoit les vingt articles suiuants.

Traicté de paix entre l'Empereur Ferdinand second, & Louys XIII. Roy de France, touchant le differend pour la succession des Duchez de Mantoüe & de Montferrat, à Ratisbonne, le 13. Octobre 1630.

SA Saincteté, comme Pasteur vniuersel de l'Eglise, & Pere commun des Princes Chrestiens, voyant le sousleuement d'armes suruenu en Italie, à raison du differẽd meu pour la succession des Duchez de Mantoüe & Montferrat, entre le tres-Auguste Empereur d'vne part, & les Roys & Princes armez sur ce subiet, d'autre; ayant interposé sur ce son authorité, & fait tous les deuoirs & diligences que l'on pouuoit desirer de luy, pour faire cesser tous ces troubles, les terminer à l'amiable: la sacrée Majesté de l'Empereur, & le Roy tres-Chrestien, tant en leurs noms, que comme se faisans forts des Princes & parties interessées de part & d'autre, esmeus tant du respect qu'ils portent à sa Sainцteté, & de l'obligation qu'ils ont de seconder ses intentions, que du desir qu'ils ont de la paix, attendu mesme les peines & diligences apportées par le College des Electeurs & le grand Duc de Toscane pour l'affermissement de ceste paix, d'vne pareille affection & accord mutuel ils ont fait & passé les articles de paix en la forme qui ensuit.

1. Premierement le Roy tres-Chrestien promet qu'il n'offencera & n'interessera en rien, ny fera offencer par autruy, directement ou indirectement, en quelque façon & maniere que ce soit, l'Empereur des Romains, ny le sacré Empire, ny ses Estats, Ordres, Royaumes, Domaines, & Prouinces hereditaires à sadite Maiesté Imperiale. Qu'il n'assistera de force, ny de conseil, argent, armes, viures & munitions, ou en quelque autre sorte & maniere que ce soit, les ennemis de sadite Majesté Cesarée, & du sacré Empire, qui sont à present declarez, ou qui se declareront par cy-apres; qu'au contraire il les sollicitera de se mettre à la raison, & se reduire dans le respect & l'obeissance qu'ils sont obligez. Comme aussi de son costé l'Empereur promet qu'il n'offencera en rien, ny fera offencer par autruy, directement ou indirectement, en quelque sorte ou maniere que ce soit, le Roy tres-Chrestien, le Royaume de France, ny les Estats, Prouinces & Domaine à luy appartenans; qu'il n'assistera ny de force, ny de Conseil, argent, armes, viures ou munitions, ou en quelque autre sorte & maniere que ce soit, les ennemis dudit Roy tres Chrestien, qui sont à present declarez ou qui se declareront par cy-apres: que mesmes il taschera de les reduire à la raison, respect & summission qu'ils sont obligez.

2. Que pour assoupir les troubles d'Italie, esmeus pour la succession des Duchez de Mantoüe & de Montferrat, estant necessaire auant toutes choses de donner quelque contentement & satisfaction à ceux qui y ont pretention & interest: l'Empereur declare, & le Roy tres-Chrestien le trouue bon, que conformément au dernier Traicté faict & conclu en Italie (& qui iusques à ce iourd'huy n'a point esté reuoqué) entre le Duc de Sauoye d'vne part, & le Duc de Neuers Charles de Gonzagues de l'autre, que l'on donne au Duc de Sauoye pour

tous les droits & pretensions qu'il a sur le Montferrat & ailleurs, Trin, & autres places dans le Montferrat, dont ils ont ja conuenu ensemble, ou conuiendront par leurs Deputez, de la valeur de dix-huict mil escus de reuenu perpetuel, selon les baux anciens : & desquelles places sera fait choix, prisée, estimation, & assignation au Duc de Sauoye par le Comte de Collalte Commissaire, ou autres ayans plein pouuoir de la part de l'Empereur, & par les Deputez du Roy tres-Chrestien ; lesquels d'abondant iugeront de la valeur ou reuenu desdites terres & fonds, selon lesdits baux anciẽs, & de la valeur & qualité desdits escus, sçauoir si ce seront escus d'or, ou d'or en or, ou autre monnoye; si ce n'est que les parties en demeurent ensemble d'accord.

3. Quant aux pretensions de la Duchesse de Lorraine, afin qu'elles n'empeschent l'effect de la presente paix, ou ne la different, sa Majesté Imperiale consent qu'elles se definissent à l'amiable, ou par compromis, ou que l'on les remette à la cognoissance & Iugemẽt de sadite Majesté; laquelle apres auoir communiqué les tiltres des parties aux Princes Electeurs de l'Empire, & pris sur ce leur aduis, rendra sa Sentence difinitiue six mois immediatement apres qu'aura esté donnée l'inuestiture. Et afin qu'il ne deperisse rien du droict des parties durant le procés, le Duc Charles de Gonzague conformément aux loix & Constitutions Imperiales en pareil cas obseruées, sera obligé nonobstant opposition quelconque, & sans delay, d'accomplir ce qui aura esté accordé, ou par accommodement & de bon gré entre les parties, ou ordonné par les arbitres nommez, ou bien adiugé par Sentence à la Duchesse de Lorraine. A toutes lesquelles choses de part ny d'autre ne sera aucunement contreuenu : iusques-là mesme, que si ledit Duc Charles faisoit autrement, l'Empereur ne laissera d'executer ses Iugemens, sans que pour cela le present Traicté demeure ou cassé ou lezé.

4. Afin que le Duc de Guastale renonce à tous les droicts & pretensions qu'il a sur le Duché de Mantoüe en faueur du Duc Charles & de ses descendans masles, sa Majesté Imperiale luy assigne six mil escus de rente en fonds de terre par chacun an, chaque escu reuenant à deux florins de Rhein, & chaque florin à pour le payement & iouïssance desquels

quels il aura & possedera en toute superiorité & iustice, & à la façon qu'en ont cy-deuant ioüy & vsé les Ducs de Mantoüe, vne ou plusieurs des terres cy-dessous specifiées, à sçauoir Dossolo Lullara Suzara & Regiolo : & tant que leur reuenu monte à ladite somme de six mil escus. De façon, que si vne d'icelles ne suffit, il en aura deux, ou trois, ou toutes les quatre. Et pour leuer toute difficulté qui pourroit suruenir au fait de l'estimation du reuenu desdites terres: chacune des parties nommera de sa part vn sien confident : & sa Majesté Imperiale nomme de son costé le Duc de Parme Commissaire en ceste partie, lequel par quelque personnage discret & sage, & non suspect aux parties, mais plustost entant qu'il sera possible leur aggréera, fera estimation iuste & veritable du reuenu & profit desdites terres, conformément aux vs & coustumes du pays: & eu esgard à la qualité des biens & profits, des censiues & biens allodiaux, & nature des autres fruicts : & icelle estimation faite mettra ledit Duc de Guastale en possession reelle & actuelle des terres qui luy auront esté assignées. Et au cas que l'vne ou plusieurs des terres assignées au Duc de Guastale excedent le prix & reuenu de six mil escus de rente, le surplus appartiendra audit Duc Charles, pour en iouir auec tous les droicts & iustice au prorata de ce qui luy en appartiendra, & ioüira ledit Duc de Guastale desdits biens à luy assignez franchement & quittement, lesquels pour cet effect luy seront deliurez quittes & nets de toute debte, hypotheque, redeuance & obligation.

5. Ledit Duc Charles demandera la grace à sa Majesté Imperiale par escrit, és termes de summission & priere, tels qu'ils ont esté concertez & accordez.

6. Et lors à la demande honneste du Duc Charles qui sera faite par Agent exprez, ayant pource plein pouuoir & mandement special de sa part, & à la priere de sa Saincteté, & du Roy tres-Chrestien, qui sera faite aussi par escrit en faueur dudit Duc Charles, sa Majesté Cesarée, de grace & clemence Imperiale luy donnera, six sepmaines apres la datte des presentes, l'inuestiture des Duchez de Mantoüe & de Montferrat : pendant lequel temps les assignations cy-dessus specifiées qui doiuent se faire entre les parties, & à icelle, par l'entremise des Commissaires, se feront & acheueront : & aduenant qu'il y ait

quelque difficulté sur ce subiet, les Commissaires de leur authorité speciale mettront en possession les parties des biens, terres & reuenus qui leur auront esté assignés. Mais au cas, que par quelque accident inopiné, & empeschement non preueu, suruenu en la personne des Commissaires, ou en quelque autre maniere que ce soit, lesdites assignations n'ayent peu se faire pendant les six sepmaines susdites, l'inuestiture ne lairra d'estre deliurée audit Duc Charles, conformément aux articles neuf, dix & onze suiuans. Et quinze iours apres l'inuestiture donnée tout au plus, les Commissaires de la part de l'Empereur seront tenus & obligez sans aucun delay de deliurer & consigner és mains des Ducs de Sauoye & de Guastale les biens & terres qui leur doiuent estre deliurez & assignez.

7. En vertu de laquelle inuestiture sa Majesté Imperiale protegera en tout & par tout, enuers tous, & contre tous ceux qui contre la teneur des inuestitures, & en suitte ou haine de ces troubles derniers molesteront & inquieteront ledit Duc Charles de Gonzague son vassal legitimement inuesti.

8. Au mesme temps que ce Traicté de paix sera icy en ceste Cour Imperiale, signé par les Commissaires Deputez de part & d'autre, & deuëment notifié en Italie aux Generaux des armées, tous actes d'hostilité cesseront de costé & d'autre.

9. L'inuestiture de l'vn & l'autre Duché de Mantouë & de Montferrat, ayant esté deliurée au Duc Charles de Gonzague, quinze iours immediatement apres, ou dedans tel autre temps & terme, dont les parties demeureront respectiuement d'accord en Italie, sa Majesté Imperiale retirera toutes ses trouppes d'Italie: elle pourra neantmoins tenir garnison suffisante & ordinaire dans la Ville & la Citadelle de Mantouë, & dedans Caneto sis sur le fleuue d'Oglio, laissant toutes generalement les autres places dudit Estat sans aucun soldat, & en la libre disposition dudit Duc Charles. En mesme temps toutes les trouppes du Roy Catholique se retireront de la ville & chasteau de Cazal du Duché de Mõtferrat, & Principauté de Piedmont. Dans ce mesme tẽps aussi le Roy tres-Chrestien sera tenu de faire retirer toutes ses trouppes de la Citadelle de Casal, de tout le Montferrat, Piedmont, Sauoye, & generalement de toute l'Italie, fors & excepté de Pignerolle, Briqueras, Suze,

Auigliane, ausquels lieux il pourra laisser & tenir garnison suffisante & ordinaire, laissant toutes les autres places qu'il tient en Piedmont & Sauoye és mains & puissance du Duc de Sauoye. Le Duc de Sauoye pareillement retirera tous les gens de guerre qu'il a dans le Montferrat, excepté ceux qu'il tient dedans Trin, lequel luy demeurera en proprieté en l'estat qu'il est. Et poseront les armes tous lesdits Seigneurs de telle façon, qu'il ne leur puisse rester dans l'esprit en consequence de ceste guerre aucun raisonnable subiet de mauuaise volonté les vns contre les autres.

10. En suite, la Ville, Chasteau, & Citadelle de Cazal, & toutes les autres places du Montferrat (excepté celles qui seront assignées au Duc de Sauoye) seront mises és mains & possession du Duc Charles, esquelles il y pourra mettre garnison de sa part, telle, & ainsi que ses Predecesseurs Ducs y ont tenu, & sans que ladite garnison puisse donner aucune ialousie aux Princes voysins & limitrophes. Mais au cas qu'en Italie les Generaux des armées eussent conclud & resolu quelque autre chose sur la demolition de la Citadelle de Cazal, au precedent la signature du present Traicté, cela demeurera en sa force & vigueur, & ainsi qu'il aura esté arresté, nonobstant le contenu en cet article.

11. Tout ce que dit est ayant esté executé, & toutes les trouppes retirées en la maniere que dit est, l'Empereur en vertu de l'inuestiture fera remettre és mains du Duc Charles la ville de Mantoüe & le fort de Porto, auec toutes les places qu'il tient, comme aussi Caneto sise sur le fleuue d'Oglio: & en faisant sortir toutes ses trouppes du pays, en laissera la libre disposition & ioüissance audit Duc Charles. Comme aussi en mesme temps le Roy de France retirera ses garnisons de Pignerol, Briqueras, Suze, & Auigliane, & remettra lesdites places és mains du Duc de Sauoye; & seront toutes les fortifications nouuellement faites en toutes lesdites places, rasées & demolies de part & d'autre.

12. Cela fait, Sa Majesté Imperiale, pour & à l'effect de ceste paix, & en vertu de la promesse qu'il a desia faite aux Grisons, declare qu'elle abandonnera les pas de la Valtelline & des Grisons, & tous les lieux & forts qu'il tient audit pays, & où elle a garnison, & les remettra en leur ancien estat, & tel qu'ils

estoient auant ces troubles derniers, & fera demolir toutes les fortifications nouuellement faites: à la charge que toutes lesdites places ne pourront estre occupées ny fortifiées par qui que ce soit, soubs quelque couleur & pretexte que ce soit, sauf toutesfois, quant à cet article, les droicts, traictez & actions, d'vn chacun.

13. Pour asseurance des choses cy-dessus, l'Empereur & le Roy de France donneront de part & d'autre des ostages de pareille qualité, qui seront consignez és mains de sa Saincteté, ou du grand Duc de Toscane, ou de quelque autre Prince Catholique de l'Allemagne, lequel les tiendra seurement, & gardera honorablement, iusques à ce que ce que dit est ait esté accomply, & que lesdits Pas des Suisses & Grisons ayent esté delaissés & remis, & promettra de rendre les Ostages libres és mains de celuy qui aura satisfait, & de retenir les ostages de celuy, qui, ou par briefueté de temps, ou autrement, n'aura peu satisfaire iusques à ce qu'il ait plainement executé ce à quoy il est obligé. Que si l'vne desdites parties de mauuaise foy ne veut de sa part accomplir le Traicté, ses ostages seront remis és mains de l'autre partie. Les Generaux des armées d'Italie desdites parties aduiseront ensemble des personnes desdits Ostages, & de celuy és mains desquels ils seront consignés. Que si mesmes pour plus grande seureté & facilité desdits Ostages lesdits Generaux d'armées veulent arrester entr'eux quelque autre chose que ce que dit est, faire le pourront, & seront tenus de l'executer.

14. De plus, à la tres-instante priere du Roy tres-Chrestien, sa Maiesté Imperiale accorde que la Republique de Venise entre dedans ceste paix, & ioüisse du fruict d'icelle, cõsent que toutes les places que l'on a prises sur elle depuis le commencement de ceste guerre iusques à la conclusion de ce Traicté luy soient restituées, & que iamais elle ne puisse estre recherchée, troublée ou inquietée d'aucune chose & cas arriuez pendant ceste guerre; à la charge aussi que ladite Republ. promettra, que pour raison de ces troubles elle n'attaquera ny offensera S. M. Imper. le sacré Empire, ses Ordres & Estats, ny les biens & terres patrimoniales & hereditaires de S. M. que la mesme Republ. licentiera & retirera toutes ses trouppes, & gardera tel ordre en la quãtité de sa milice, que ses Princes voysins en suite

de ceste guerre n'en puissent entrer en aucun soupçon ou ialousie. Que s'il estoit arriué qu'en Italie les Generaux des armées eussent traicté & resolu quelque autre chose deuant la signature du present Traicté, sur l'exclusion des Venitiens de ceste paix, cela demeurera arresté nonobstant cet article.

Pour affermir de tant plus cette Paix entre l'Empereur & le Roy de France, les Commissaires de l'Empereur d'vne part, ayants allegué, qu'il y auoit du different & de nouuelles entreprises faites és terroirs des Eueschez & Cités Imperiales de Toul, Mets & Verdun, Abbaye & és autres lieux, Pas & fiefs de l'Empire, pour le sujet desquels il pourroit par cy-apres naistre du trouble: Et l'Ambassadeur de France d'autre part, ayant declaré qu'il n'auoit ny charge ny cognoissance de cela: Sur ce sa Majesté Imperiale a trouué tres expedient que dans certain temps & à certain lieu, soient nommez & deputez de part & d'autre Commissaires qui traittent à l'amiable de tous ces differents, & que cependant l'on n'entreprenne rien contre les droits de l'Empire, & que ny là ny ailleurs l'on ne traitte ny compose rien des fiefs de l'Empire.

En suite l'Ambassadeur de France ayant fait grande instance pour la demolition du fort de Moyenuik, & aussi afin de faire retirer les troupes de l'Empereur des limites de France; & les deputez de l'Empereur ayans respondu que ce fort ayãt esté basty par le commandement de l'Empereur sur vn fonds de l'Empire selon droict & Iustice, & fortifié d'vne Garnison ordinaire & suffisante, c'estoit la raison qu'il demeurast sur pied: & ayans de plus, requis que les François eussent à demolir les Citadelles de Mets & de Verdun, & restituer tous ces lieux & autres semblables par eux occupez vsurpez & fortifiez. Surquoy ayant esté repliqué de la part de l'Ambassadeur de France qu'il persistoit en la demande qu'il faisoit de la demolition du Fort de Moyenuik, basty par les Imperialistes contre la volonté & consentemẽt de l'Euesque de Mets: & que pour le regard desdites Citadelles, elles auoient esté basties par les François selon droict & raison: que mesmes pour le surplus des plaintes des Commissaires de l'Empereur il n'y falloit point auoir esgard: & de la part de l'Empereur ayant esté respondu par les Commissaires qu'ils persistoient en leurs demandes, & declaré que le Fort de Moyenuik deuoit demeurer auec Garnison, iusques à ce qu'il en ait esté autrement ordonné dans la Conference future. L'Ambassadeur de France demeurant & persistant en ses premieres demandes, a adiousté qu'il n'auoit point charge de traicter ny consentir aucune Conference, & qu'il ne sçauoit pas quelle estoit la volonté du Roy sur ce suject, & qu'il escriroit diligemment pour estre instruict & tirer ordre sur ces affaires. En fin a esté conuenu & accordé, que de part & d'autre lon feroit retirer toutes les troupes qui sont sur & proches les Frontieres ; crainte que quelque differend n'empesche l'effet de ceste Paix, ou à la longue ne la trouble. Et dautant que le Duc de Lorraine durant & à cause de ces troubles derniers a leué quelque gendarmerie pour garder ses Estats, leurs Majestez Imperiale & Tres-Chrestienne ont trouué bon qu'il soit compris en ceste Paix auec ses pays & Estats, & qu'il n'en soit desormais troublé ou molesté par qui que ce soit ; comme aussi de sa part qu'il n'offence & ne trouble personne. Et que de part & d'autre lon ne tienne sur les Frontieres des troupes en telle quantité qu'elles puissent donner de la ialousie & de la mesfiance aux voisins.

17 En suitte, remise generale & reciproque se fait en vertu de ce Traité, pour tous Princes & pour qui que ce soit, qui ont porté les armes pour l'vn ou l'autre party, ou l'ont assisté en quelque sorte & maniere que ce soit : ausquels seront rendus leurs biens immeubles en l'estat qu'ils sont à present, & eux remis en leurs anciens droicts, honneurs, dignitez & prerogatiues. Comme aussi seront rendus & restituez aux vrays Seigneurs & proprietaires, tous & vn chacun les biens à eux appartenans ou escheus pendant ces troubles & sur eux enuahis & occupez, transferez ou confisquez, durant le temps de ceste guerre. Pareillement seront de part & d'autre mis en liberté tous les prisonniers sans rien payer, en remboursant les frais & despens faicts pendant leur prison, à l'arbitrage des Generaux d'armees.

18 Que si depuis & durant le temps que l'Ambassadeur de France reside en la Cour de l'Empereur, & traitte auec sadite Majesté, il auoit esté fait en Italie quelque Traitté entre les Generaux des armees, munis de suffisant pouuoir, & accord de Paix signé & arresté au precedent la conclusion & signatu-

re de ce Traicté-cy; Celuy d'Italie ainsi fait & signé demeurera ferme & en son entier. Mais si en Italie il ne s'est rien resolu & passé de contraire à ce present Traitté, il demeurera en tout & par tout en sa forme & vigueur.

19 Tout ce que dessus l'Empereur & le Roy de France se le promettent reciproquement & de tres-bonne foy en parole d'Empereur & de Roy. En sorte que sa Majesté Imperiale promet pour soy, pour le Roy Catholique, & le Duc de Sauoye ses assistans, & le Roy Tres-Chrestien en son nom, de garder & obseruer sincerement & inuiolablement tout le contenu cy-dessus.

20 Et pour faire foy du present Traitté, ont esté escripts & dressez deux exemplaires de cedit Traitté, de mesme teneur, & signez à Ratisbonne le treiziesme d'Octobre mil six cens trente, par les Deputez & Conseillers de sa Majesté Imperiale ayans tout pouuoir; sçauoir, Antoine, Abbé de Crembsmuster, Conseiller secret de sa Majesté Imperiale : Otton libre Baron de Nostits en Flahenau, Chambelan de sa Majesté Imperiale, Conseiller de ses Conseils & Vischancelier de Boheme : Et Herman libre Baron de Questenberg en-Koleschau, aussi Conseiller d'Estat & de la Cour Imperiale; comme aussi par l'Ambassadeur & Conseiller d'Estat du Roy tres-Chrestien Charles Brulard de Leon, ayant de ce plein pouuoir, assisté du P. Ioseph Capucin. & estoit signé,

Antonius Abbas in Krembsmunster. Otton libre Baron de Nostits. Herman libre Baron de Questenberg. Charles Brulard de Leon. P. Ioseph, Capucin.

Le Mareschal de Schomberg estant lors seul à Cauela, examina ce Traitté, qui contenoit entre autres choses, que dans six sepmaines l'Empereur dõneroit l'inuestiture au Duc de Mantoüe de ses deux Duchez, & quinze iours apres il retireroit ses armees, & le Roy Catholique les siennes de la ville & Chasteau de Cazal, & autres places estans dans le Montferrat; ledit sieur Mareschal ne s'arresta qu'à cet article, ne sçachant pas quelle charge auoient les Ambassadeurs pour accorder les autres conditions dudit Traicté, & prit vne resolution courageuse digne de sa prudence, de ne point executer en ce chef, & de faire passer sans intermission l'armee du Roy iusques à Cazal.

Ses raisons estoient que ceste condition l'obligeroit à demeurer encore deux mois dans l'Italie auec l'armee du Roy, auparauant que les Espagnols sortissent de Cazal : ce qui ne se pouuoit faire, parce que la peste estoit tres-grande dans l'armee, & qu'il n'y auoit des viures que pour certains iours limitez ; aussi que la seule esperance des gens de guerre estoit que le quinziesme Octobre ceste affaire seroit terminee, ce qui les auoit retenus dans l'ordre. Les moindres longueurs eussent dissipé l'armee, & il pouuoit arriuer qu'apres les deux mois, les forces du Roy estant diminuees & celles des ennemis augmentees, les Espagnols qui n'auoient pas signé ce Traicté de Paix, par vn dessein cauteleux de ne le pas entretenir, sans blesser leur foy le pouuoient entendre. L'Empereur ayant seulement promis de leur faire ratifier, & non pas de le faire executer : comme de faict ils ne fussent point sortis de Cazal, lequel par ceste dilation eust esté perdu infailliblement, l'armee de sa M. ne pouuant subsister dans l'Italie durãt ce temps, & dans les incommoditez qui la pressoient. Ce mesme iour le Mareschal de Schomberg fit entendre son aduis à Mazarini, & aux Ambassadeurs de Venize & Mantouë, qui estoient prez de luy : & le lendemain matin l'armee marchant en bataille au rendez-vous, les Mareschaux de la Force & de Marillac s'y estans trouuez, ledit sieur Mareschal de Schomberg leur ayant communiqué tant ce Traicté, que les raisons qui le demouuoient de l'executer, par son aduis commun il fut arresté, que l'on ne dessereroit point à ce Traité : toutefois si les Espagnols vouloiẽt sortir de la ville & Chasteau de Cazal & du Montferrat, qu'ils retireroient les François de la Citadelle, les places demeurans au Seigneur du Maine second fils du Duc de Mantouë, qui pour lors estoit à Cazal.

Le bruit de ceste Paix auoit resiouy l'armee, le changemẽt l'estonnoit tout à coup : plusieurs murmuroient contre le Mareschal de Schomberg qui auoit donné cet aduis, les plus sages s'estonnoient comme il vouloit demeurer garend de ceste entreprise, & rompre vne Paix, sans sçauoir les volontez du Roy sur ce sujet.

Mazarini pareillement estonné de ceste resolution contraire à ses desseins, retourne vers Collalte & le Marquis de Saincte

cte-Croix, & tout court reuint trouuer les Generaux de l'armée de sa Majesté qui estoient à Roqua, & leur dit, que les Espagnols consentoient qu'il entrast des hommes & des viures & munitions dans la Citadelle pour vn an, afin de tesmoigner qu'il n'y auoit point de dessein.

Et pour exciter les Generaux de l'armée, qu'il faisoit mine de fauoriser, disoit que lors que l'armée du Roy auroit chassé les Espagnols, qu'elle auroit peine à subsister auprés de Cazal, en attendãt qu'il fust entré des viures dans la Citadelle pour vn an, ce qu'ils pouuoient faire sans violer la paix. Mais les Generaux de l'armée du Roi pressentãs que ses offres estoiẽt vn effect de la crainte qu'auoient les ennemis des armes du Roy, en esperant encores des efforts plus aduantageux, reitererent ceste proposition, & pour donner plus de frayeux aux ennemis, dirent qu'ils feroient bien entrer des viures dans Cazal malgré eux, & par dessus leurs moustaches, continuãt à cete fin de faire marcher l'armée droit à Cazal. Dõt le Duc de Sauoye estant informé, escriuit au sieur de Schomberg, que le fait dont il s'agissoit n'auoit rien de commun auec ses interests: Que par le Traicté de Ratisbonne il croyoit estre en paix auec le Roy, & demandoit que le sieur Marquis de Tauanes cessast tous actes d'hostilité dans ses Estats. Ce que le sieur Mareschal de Schomberg luy accorda: & le lendemain arriua vn Courier qu'enuoyoit Dom Martin d'Aspres resident du Roy d'Espagne prez du Duc, au Marquis de saincte-Croix, porteur des deux depesches, l'vne du 20. Octobre. qui portoit que le Duc ne vouloit pas renuoyer les troupes de l'Empereur qu'il auoit prez de luy: Que le Marquis de Saincte-Croix les demãdoit pour aller à Cazal, pour ce que les François n'auoient pas voulu executer le Traicté de Ratisbonne; & que n'estãt en paix auec eux, ses Estats seroiẽt en proye s'il rẽuoioit ces troupes. L'autre lettre estoit du 22. par laquelle ledit Dom Martin Daspres mãdoit au mesme Marquis de saincte-Croix, que les troupes partoiẽt le lendemain pour estre le Vẽdredy 25. à Cazal: laquelle lettre du 22. estoit escrite apres l'ordre donné par le Mareschal de Schomberg au Marquis de Tauanes. Les lettres dudit Martin Daspres disoient, que la paix estant faite à Ratisbonne, il n'estoit plus question que de la demolition de la Citadelle de Cazal, qui estoit la pierre de scandale. D'autres lettres escrites par ledit d'Aspres au Comte de Torre, Ambassadeur pour le Roy d'Espagne auprez de l'Empereur, parloient de la demolition comme d'vn poinct qui estoit à adiouster au Traicté de Ratisbonne, pour faire que les Espagnols l'executassent de leur part. Ceste depesche fit encore douter de la foy du Duc de Sauoye: mais beaucoup plus en ce que l'armée ayant passé à Ast, il enuoya l'escadron de Sauoye à sainct-Damian pour chastier les habitans, disoit il, de quelque rebellion. Les Generaux creurent que c'estoit pour les tailler en pieces, en cas que l'on eust esté obligé de se retirer en desordre: & fit aussi croire, que la raison pour laquelle les Espagnols n'estoient pas interuenus au Traicté de Ratisbône, & auoiét demandé l'article, par lequel ils deuoient demeurer dans Cazal deux mois, n'estoit que pour paruenir au poinct de la demolition, apres auoir dissipé l'armée du Roy par ses longueurs, & reduit la Citadelle de Cazal hors de secours. Ce mesme courrier portoit des lettres de Galasse à Aldringer, commandant pour l'Empereur à Mantouë, par lesquelles il escriuoit, qu'il vendist promptement ce qu'il auoit à Mantoüe, pour ce qu'il le falloit rendre: mais que le Pas des Grisons demeureroit pour marque de ceste guerre à l'Empire, pource que l'Empereur ne le deuoit rendre qu'apres que les François seroient hors d'Italie.

Le vingt-sixiesme Octobre l'armée arriue à vne heure apres midy en la plaine qui est deuant Cazal. Mazarini vint presser les Generaux d'accepter la proposition qu'il auoit faite à la Roqua: le Mareschal de Schomberg qui commandoit l'armée du Roy la refuse, & dispose les trouppes pour attaquer les retranchemens des ennemis auec grande resolution.

L'armée marchant en bataille, & estant à deux cens pas du retranchement des ennemis, Mazarini reuient, & dit que les Espagnols offroient de sortir de la ville & Chasteau de Cazal & du Montferrat, à la charge que les François se retireroient de la Citadelle, & que les places seroient remises à Monsieur de Mayenne, & seroient gardées par ses trouppes, & ce iusques à ce que l'inuestiture de l'Empereur eust esté donnée au Duc de Mantoüe, qui deuoit estre fournie le 23.

Nouembre; qu'vn Commissaire de l'Empereur demeureroit auec son train seulement dans Cazal, pour l'honneur de l'Empereur.

L'issuë du combat estoit fort douteux, & les Generaux ayant par ce Traicté tout ce qu'ils pouuoient attendre du succez d'vne asseurée victoire, receurent les propositions qui furent au mesme temps accordées par les Generaux des deux parties, qui s'aduancerent entre les deux armées, assistez des principaux Officiers. Et Mazarini ayant prononcé les conditions conuenuës, elles furent approuuées de part & d'autre.

La nuict suruenuë empescha que les Articles de ce Traicté ne furent pas escrites ce iour-là, ce qui obligea l'armée du Roy de se retirer à Fressinette iusques au lendemain, que lesdits Articles furent signés des Generaux, & executez de part & d'autre, les Espagnols s'estans retirez de la Ville & Chasteau de Cazal, & du Montferrat.

Tombeau du Marquis Spinola.

Spinola gist icy, passant c'est assez dit,
Car son nom doit seruir d'ornement à l'Histoire:
L'Europe en mille endroits fut tesmoin de sa gloire,
Sa valeur l'esleua, sa valeur le perdit.

Pour auoir bien seruy l'Espagnol le rendit
Le Theatre & l'obiect de la malice noire:
L'honneur qu'il luy rauit illustra sa memoire,
Il le dit en mourant, & le Ciel l'entendit.

Ne t'en estonne pas, les plus dignes seruices
Souuent en leur chemin trouuent des precipices,
Et de trop meriter on deuient odieux.

Si verra l'on pourtant au succez de la guerre,
Que s'il eust plustost pris place dedans les Cieux,
L'Espagnol auroit pris moins de places en terre.

Prosopopée du Duc de Sauoye.

AD septem-denos vixisse salubriter annos
Dilectum populis, terribilemque meis.
Dotes ingenij, Dotes & corporis æquè
Sortitum, nisi quod corpore gibbus eram.
Con socerum Henricum, socerumque habuisse Philippum,
Austriacam vxorem, Borboniasque nurus.
Res erat æterni dignissima laude sepulcri
Inter quos & me tolleret Allobroges
Impatiens, sed enim oblati dum ad crimina belli
Sceptrum tento nouum, quærere perdo vetus.
A proauis regnata meis spatia ampla tenebam,
Dum Rhodanus secat hinc, alluit inde Padus.
Alpibus à celsis, acri tenux Apennino
Regnabam Hetrursci littora ad vsque maris.
Hispanum, & Gallum dirimens, duo robora mundi
Vnus in amborum limite limes eram.
Hei mihi! quod fœdus tibi Rex Lodoice, fefelli
Sen ite sceptris me spoliare meis.
Oppositi nec me montes, nec Spinola texit
Paladium Hispanicæ Spinola militiæ.
Ergo libens hausi mortem, cum nulla daretur
Spes opis & vitæ commoda rapta forent.
Alter ego enceladus totties qui Pellion ossæ
Conatus sum humeris imposuisse meis.
Telluris matris rursum, ipse reuoluer in aluum
Ausus adorandum in bella vocare senem.
Ein Cuniculis Melij subdite monetis
Sola hæc sunt humeris imposuisse meis.
Subdite me ô quibus incumbit tam nobile castrum
Sternere, nam mens, & perdere cuncta labore.
Subdite defossum moneo si forte cadauer
Dirnam & æternus mons mihi erit tumulus.
En formidor adhuc! toto & diffiditur orbe
Infensos ficta quin nece ludificem.
Heu! perij Italiamque meæ incubuisse ruinæ
Nota nimis fati sunt monumenta mei.

Les heureux progrez des Armes du Roy tres-Chrestien, Louys XIII. au Piedmont & Montferrat, depuis le mois de Iuillet 1630. iusques au mois d'Octobre en la mesme annee, Par P.S.D.B N.

LEs affaires d'Italie qui auoient tres-heureusement reüssi par la bonne conduitte du Cardinal de Richelieu, commencerent à changer en son absence, en sorte que les François, apres auoir pris à la face du Comte Colalte, de Spinola, & du Duc de Sauoye Pignerol, parurent tellement refroidis, qu'ils n'osoient plus rien entreprendre, ny quasi sortir des portes de Pignerol. Ce qui fit qu'il y eut peu de gens de qualité, qui eussent de l'honneur à perdre, qui voulussent entreprendre le commandement general de l'armee du Roy, tant ils auoient peur que leur honneur fit naufrage par quelque mauuais euenement. Ce qui tournoit tellement au preiudice des affaires du Roy, que les François se virẽt menacez non seulement de la perte des conquestes d'Italie, ou cõseruation de leurs alliez, auec celle de la reputation de la France; mais encore hors d'esperance de passer les Monts, & de tenter aucune entreprise de consequence, les ennemis estãs fauorisez d'vne multitude de grands monopoles qui se menoient dans la France. Cete necessité des affaires du Roy dõna suiet au Marquis Deffiat d'en prendre le hazard, se resoluant plutost à perir, que de perdre l'occasion de seruir: ce qui le conuia de demander d'estre enuoyé auec commandemẽt en cete armee. Et à cet effet il quitta non seulement l'honorable employ qu'il auoit dãs les Conseils de sa Majesté; mais encores cete grande & penible charge de la surintendance des Finances, & grande maistrise de l'Artillerie qu'il exerçoit aupres du Roy, mesprisant tous les inconueniens qui luy en pourroient arriuer, pour satisfaire à sa genereuse & fidelle affection au seruice de l'Estat. Il pleut à Dieu de benir cette bonne intention. De sorte qu'estant arriué à S. Ieoere, où les troupes du Roy s'estoient venus assembler à mesure qu'elles se destachoiẽt de son armee de Sauoye pour passer les Mõts, le sieur Dufargis qui auoit receu lesdites troupes fit raport au Duc de Montmorency & Marquis Deffiat, qui estoient arriuez ensemble, que le Duc de Sauoye s'estoit saisi de S. Ambroise, logis qui estoit audeuant de Veillanne, & qui luy donnoit moiẽ facile de pouuoir empescher auec toute son Armee la conjonction de celle que conduisoient les Duc de Montmorency & Marquis Deffiat auec celle du Mareschal de la Force, qui estoit venuë par les montagnes de Pignerol à Iauenne; Neãtmoins ils ne laisserẽt pour cela de prẽdre resolution de se ioindre & de combatre, plutost que de manquer à cete conionction; bien qu'on leur dit, que le Duc de Sauoye auoit vingt-mil hõmes de pied & cinq mil cheuaux. Pour cet effet, ils donnerent auis au Mareschal de la Force que leur Armee marcheroit à S. Ambroise, le priant que la sienne partist en mesme tẽps pour y arriuer, & de commencer à faire l'attaque de ce lieu sur les cinq heures au soir de son costé, ainsi qu'ils feroient du leur. Apres auoir diuisé à cette fin leur armee en deux, le Marquis Deffiat ayant le commãdement de l'Auantgarde alla droit à S. Ambroise, où trouuant le logis vuide, il passe outre, prend la cõpagnie du sieur de Lesche, qui faisoit la teste de ses coureurs, la iette deuant luy, & la met en garde sur le bord du pont de Veillanne, & fait filer tous ses Regimens, dont le corps de son Auantgarde estoit composé, luy donne lieu de campement entre Veillanne & S. Ambroise, la teste de l'armee pour plus grande seureté aboutissant vers le pont. s'aydãt par ce moyen d'vn ruisseau, qui empeschoit l'Armée ennemie de pouuoir passer en ordre pour venir à eux; & laisse le logis de S. Ambroise vuide pour loger le Duc de Montmorency auec le teste de l'armee qu'il conduisoit. Le Mareschal de la Force ayant eu aduis de ce logis de Saint-Ambroise, se retire à Iauenne, où n'y ayant plus entre les Duc de Montmorẽcy, Marquis Deffiat & luy, qu'vn chemin d'enuiron vne lieuë & demie de montagnes (à la verité fort difficiles à passer) il les vint trouuer, & leur dit, qu'il estoit d'aduis qu'ils fissent partir leurs bagages la nuict, afin qu'ils peussent commencer à filer dés la pointe du iour, & qu'il estoit expedient que leur delogement preuint la cognoissance que l'ennemy en pourroit prẽdre: parce que deslors qu'ils auroient quitté le pont, la moitié de leur Armee estant passee, le reste continuant à filer, il estoit à craindre que l'ennemy, qui auoit toute son Armee en veuë, logee dans les retranchemens de Veillanne, venāt en ordre ne taillast en pieces ce qui resteroit à passer ; l'incommodité du chemin ne permettant pas à ceux qui seroiēt passez, ny aux autres qui seroient encore à la montagne, de les secourir : n'y ayant point de seureté au voisinage d'vne Armee ennemie si puissante, sinon qu'en faisant vn deslogement dont elle ne se fust point douté. Cela estant resolu ne fut point neantmoins executé, les crieries des Capitaines ayant emporté le Duc de Montmorency; de sorte que leurs bagages ne commencerent à filer qu'à six heures du matin : Ce qui fut cause que les gens de guerre ne commencerent à marcher qu'à vnze heures. Cependant l'Armee du Roy s'estoit mise en bataille sur vne ligne tout le long d'vn costau, pour commencer à filer à la queuë des derniers bagages, dont la moitié estoit desia passee enuiron vne heure apres midy. Pendant cela le Marquis Deffiat se promenant à l'entree des gardes alla iusques au pont, où il faillit à se faire prendre, croyāt que les Cheuaux legers de la garde du Roy, qu'il y auoit mis le matin, y fussent encores, & le Regimēt de Normandie en des masures qui estoient auprez : mais il trouua que le sieur Dufargis auoit retiré lesdicts Cheuaux legers de la garde auec ledit Regiment, & que l'ennemy s'estoit desia saisi du pont. Ce qui luy donna suject de courre apres ce Regiment, & de faire cognoistre au sieur Dufargis le tort qu'il auoit, se faschāt vn peu cōtre luy. Il luy fit faire alte auec ce Regimēt, & à quelque caualerie qui estoit là, & les plaça le long d'vn ruisseau, & alla lui-mesme recognoistre vn passage qu'on luy despeignoit pour vn marais inaccessible, & des maisons-là aupres, où il trouua les ennemis logez & leurs troupes qui cōmençoient à filer : dont il fit rapport au Duc de Montmorency, & luy dit qu'asseurement l'ennemy se preparoit à les venir attaquer, que ce seroit par cet endroit, & qu'il arriueroit le premier à la mōtagne : que pour s'asseurer il falloit se saisir d'vne maison qui estoit à la teste du chemin ; ce qui ne fut pas iugé à propos d'abord. Neātmoins apres quelque contestation, le Comte de Cramail y mena le Regiment des Liegeois, qui y demeura iusques à son ordre de marcher ; & cōme il en sortit on en remit d'autres à la place, qui ne firent pas si bien leur deuoir. Peu de tẽps apres les ennemis firẽt vne attaque fort furieuse, & sortãs auec six mil hõmes de pied & douze cẽs cheuaux, se diuiserẽt en trois corps, dont l'vn vint droit à cette maison, qu'il emporta d'emblee, pour gaigner la montagne, & coupper le chemin : l'autre Corps cõmandé par le Prince de Piémont, venoit marchãt par le milieu de la plaine, prenãt le flanc: le troisiéme vint par le chemin que l'armee du Roy auoit tenu, & se mit entre S. Ambroise & nos gens. Ces trois Corps, qui estoit l'élite de leur Armee, marcherent en vn si bon ordre, & se trouuerent en vn instant sur les bras du reste des troupes qui restoient à passer, qu'ils les reduisirent à si petit pied, qu'il ne leur restoit qu'vn champ fermé de fossez, qui aboutissoit à l'entree du chemin de la montagne, & n'y auoit plus à passer que deux mil hommes de pied & trois cens cheuaux, si pressez de tous costez que le Marquis Deffiat fut contraint de dire au Duc de Montmorency qu'il falloit prendre party, & que l'incertitude de combattre ou de se retirer estoit cause de ce desordre. Surquoi le Duc de Mõtmorency luy dit, qu'il falloit cõbattre, & qu'il s'armast. Sur ce le Marquis Deffiat luy respõdit, que la partie n'estoit pas bien faite, mais qu'il en falloit vser cõme si elle eust esté mieux. Cela dit, il iette seulement sa cuirasse sur le dos, n'ayant pas le loisir de prendre son habillement de teste, & se mit à la teste de quarante Cheuaux legers de la garde du Roy qui estoient là, & dit au Duc de Montmorency: Voicy vos coureurs, & de ce pas s'en alla au combat, & alla droit charger le Prince Doria, passant deuãt le nez du bataillon où estoit le Prince de Piemont, qui le fit salüer de toute sa mousqueterie du costé droit, & de la gauche par six-vingts carabins : & passa comme cela entre eux, soustenu du Duc de Montmorency, qui menoit cent gendarmes du Roy, pareil nõbre de la compagnie de M^r & soixante de Noaille. Ils firẽt tous si bien, qu'encores que le Prince Doria eust six cens cheuaux dãs son escadron, il furent incontinent deffaits, & de telle sorte qu'il n'en peut rallier que trois ou quatre cens, auec lesquels il pensoit faire sa retraite; mais le Marquis Deffiat le pressa si fort, qu'il les luy tailla tous en pieces auant qu'ils peussent gagner le pont de Veillanne, sur lequel le Prince Doria fut pris par deux Cheuaux legers

de

de la garde du Roy, l'vn nõmé du Tartre, & l'autre de Vaux: qui le menerent par le commandement du Marquis Deffiat au Duc de Montmorẽcy, qui estoit en sepmaine, & lequel estoit demeuré derriere pour charger vn Regiment de gens de pied qu'il tailla en pieces. Le Marquis Deffiat poursuiuant la victoire eut aduis par le sieur de Cheny, qu'il y auoit vn Regiment qui se retiroit, lequel il falloit attaquer. A quoy il fit responce, que ce n'estoit pas le plus pressé, & qu'il ne luy pouuoit manquer, (car en poursuiuant ceste cauallerie il gaignoit le chemin de la retraite de leur infanterie) disãt que c'estoit vne besongne pour le retour, & qu'il estoit meilleur de deffaire premierement toute la cauallerie. Ce qu'ayant ainsi esté fait, ledit Marquis fit son raliment, se presenta en ordre de combat à cent pas de deux escadrons de l'ennemy, qui ne s'estoient point voulu engager au combat, se tenans tousiours sous les bastions de Veillanne, de l'autre costé du ruisseau. Voyant qu'ils ne branloient point, & qu'ils n'auoient aucune enuie d'en manger, il dit lors au sieur de Cheny & au Comte de Saligny, qui estoient auprez de luy; C'est à ceste heure qu'il leur faut donner le plaisir de voir tailler ce Regiment en pieces. Alors il prend le trot pour s'en aller droit à eux: mais si tost que ce Regiment le vid aborder à la portée du pistolet, au lieu de faire leur descharge sur ceste braue cauallerie, ils lascherent le pied, abandonnant leurs armes. Tous les Officiers furent pris prisonniers, & les soldats taillez en pieces, & dix-sept drappeaux gaignez. Apres quoy ledit Marquis fit sa retraite fort gayement au petit pas, bien qu'il eust plus d'vne grande demie-lieuë de plaine à passer à la veuë de l'ennemy. Toute ceste occasion luy fut fort heureuse, s'estãt rallié trois fois, apres auoir percé l'ennemy, sans y auoir receu aucune blesseure, bien qu'il n'eust que sa cuirasse: son cheual y eut quatre coups d'espee, vn coup de pistolet dans le col, & vn coup de mousquet à la cuisse, sans estre estropié; ses gardes y demeurerent presque tous: & des Cheuaux legers de la garde du Roy il n'en reuint que quatre sans blesseure; tous les autres furent tuez ou blessez, & la plus part y perdirent leurs cheuaux. Ceste action donna grande reputation aux armes du Roy, & remit en vigueur tous les soldats & Officiers de l'Armée, qui se resolurent de faire quelque chose de bon. L'armée ayant seiourné le lendemain à Iauanne, pour recognoistre ce qui auoit esté perdu & gaigné en ce passage, & aussi la quantité de prisonniers qu'on auoit fait sur l'ennemy, dont le nombre estoit de plus de six cens : lon en renuoya enuiron quatre cens soldats sains, trente ou quarante de blessez, le surplus fut mené auec le Prince Doria aux places de Dauphiné, excepté vn nommé Robustelles, homme d'importance, qui fut enuoyé au chasteau de Pignerol. On eut aduis en mesme temps que l'ennemy vouloit prendre sa reuanche, & se seruir à ceste fin de l'auantage de la montagne de Cumiane. Surquoy on ordonna le Regiment du Plessis Praslin pour s'en saisir la nuict : & dés le matin le Marquis Deffiat, qui menoit encores l'Auantgarde, alla faire son logis à Cumiane, d'où il pensoit faire desloger l'Armée le lendemain pour s'aller loger à Sassenas. Mais cela fut contesté sur ce que quelques-vns disoient, qu'on n'auoit, ny viures, ny artillerie, ny munitions de guerre pour pouuoir se loger si prez de l'ennemy : qu'il falloit premierement faire venir tout ce qui estoit necessaire de Pignerol, apres quoy on auiseroit ce qu'il faudroit faire pour ce sujet. Cela s'estant ainsi passé, on s'auisa d'aller prendre le logis de Massé, bien que le chasteau fust entre les mains de l'ennemy : qui à la verité fit si peu de resistance, que lon peut compter cela pour rien, s'estant rendu auant que l'Arrieregarde fust arriuée dans le bourg. On y seiourna le lendemain assez inutilement : & ne sçait-on pas si on n'y fust point demeuré dauantage, si le sieur de Montreal ne fust venu pour proposer vne entreprise sur Reuel, qui auoit fort peu d'apparence ; aussi ne reüssit-elle pas, & ne laissa point d'estre fort appuyée par le Marquis Deffiat dont on s'estonnoit beaucoup, & le Comte de Cramail plus que tous les autres : ce qui l'engagea de dire à l'oreille au sieur du Chastellet, qu'il falloit representer audit Marquis non seulement le peu d'apparence qu'il y auoit en ceste entreprise, mais aussi l'humeur de l'homme qui la proposoit, qui faisoit tousiours des desseins fantastiques, & que luy-mesme y auoit esté attrapé plusieurs fois. Ce que le Marquis Deffiat luy accorda, disant, qu'il cognoissoit l'hôme, qu'il voyoit bien que le dessein de Reuel estoit vne chimere : neantmoins qu'il le vouloit appuyer, afin que cela luy seruist à tirer l'Armée vers Reuel, & la porter en ce voysinage, pour de là aller prendre Saluces: mais qu'il n'en falloit dire mot, afin que l'ennemy ne iettast point de gens dedans. Toute l'armée n'ayant point d'autre pensée que d'aller droit à Reuel, partit le lendemain pour arriuer à Briqueras, dont elle deslogea le iour suiuant au matin. Le Mareschal de la Force conduisant l'Auantgarde, & estant party dés le poinct du iour, se rendit à la veuë de Reuel entre vne & deux heures apres midy. Alors le sieur de Mõtreal fut recogneu auoir esté trompé par les autheurs de son entreprise : mais le Marquis Deffiat le consola, disant que le voyage ne leur seroit pas inutil, leur estant vne occasion de prendre Saluces : que pour cet effet, au lieu de loger sous des arbres, comme lon le proposeit, il falloit que l'Armée allast prendre vn bourg nommé Enuy, qui est proche du Pau, & à vne bonne lieuë de Saluces : ce qui fut trouué vn peu difficile, y ayant vn chasteau qui tenoit pour l'ennemy. Neantmoins le Marquis Deffiat ne laissa de l'opiniastrer, disant, que c'estoit honte de reculer pour cela, & faire perdre cœur aux soldats : à quoy le Mareschal de la Force inclina. Aussi-tost le Marquis Deffiat se tourna vers le Major de Champagne, qui auoit fait la teste de l'Auantgarde, & luy dit; Monsieur le Major, c'est à vous à faire le logement de l'Armée : & il luy respondit ; Monsieur, nous en viendrons bien-tost à bout. Et de fait, le Capitaine Thibaut & Pigeoller, & tous les autres Officiers y marcherẽt d'vn si bon pied, qu'en vn instant ils mirent sur la place dix ou douze soldats des plus mauuais de la garnison qui s'estoiẽt mis à descouuert : les autres en ayant frayeur, liurerent aussitost le Chasteau. Ce fut vn fort bon logis pour se rafraischir, & qui asseura aussi-tost la ville de Reuel, & toute la val du Pau, & donna au Marquis Deffiat plus de suiet de poursuiure son dessein, & de faire entendre la consequence de ceste entreprise, Saluces deuant tenir lieu d'vn autre Pignerol, dont la peste ostoit toutes cõmoditez: & que pour cet effet il falloit y enuoyer mil cheuaux & mil hõmes de pied, qu'on tireroit du corps de tous les Regimẽs les plus fraiz & gens d'eslite le tout conduit par vn Mareschal de cãp. Le Mareschal de la Force estant en sepmaine en donna le commandement à son fils : le Duc de la Trimoüille demanda d'estre de la partie, & de conduire la cauallerie. Ils eurent ordre de sommer la ville, leur faire entendre, que l'amour qu'ils auoient tousjours eu pour la France, auoit obligé Messieurs les Generaux de ne les pas aborder auec vne Armée, qui leur eust fait vn grand degast ; & pour l'euiter, qu'on se contentoit de les sommer, & leur commander d'ouurir les portes, afin que l'Armée ne les visitast pas de plus prez : que s'ils doutoient qu'elle fust si proche, qu'ils deputassent vers Messieurs les Generaux. Et en cas qu'ils n'y enuoyassent, que l'Infanterie se saisist des faux-bourgs, & fist ses logis le plus proche des murailles de la ville qu'elle pourroit, & qu'on donnast aduis du tout, afin que le reste de l'Armée s'y en vint auec le canon; pour empescher cependant que le Duc de Sauoye n'y iettast son secours. Cet aduis fut trouué bon, & que c'estoit le moyen de le preuenir : & neantmoins on ne laissa pas dans l'execution d'y apporter du changement ; car au lieu de partir le soir on n'y alla que le matin. Il n'y eut point d'Infanterie, & n'y enuoya-t'on que cinq cens cheuaux, qui ne laisserent pas de sommer la ville : qui aussi-tost apres auoir vn peu differé, voyant qu'on luy refusoit le temps d'enuoyer vers le Duc, dõna ses deputez, l'Euesque sortant en personne auec 7. ou 8. des principaux de la ville, car ils craignoiẽt extrememẽt la ruine qui leur arriua par la faute des gẽs du roy, qui au lieu de demeurer là, & de réuoyer seulemẽt quelques-vns pour conduire les deputez, s'en reuinrent tous auec eux : Et pendant leur absence, le Duc qui auoit destaché de son Armee cinq cens hommes d'eslite, auec plusieurs Officiers conduits par vn Mareschal de Camp nommé Balbian, se ietterẽt dans la ville & cõmencerent à tirer sur les nostres, & leurs Deputez quand ils les ramenerẽt, menaçans de les faire pendre. Les Generaux estans aduertis de ce desordre, iugeans que l'honneur de l'Armee du Roy ne permettoit pas d'en demeurer là, le Mareschal de la Force partit auec l'Auantgarde, & se saisit des faux-bourgs, & les Duc de Montmorency & Marquis Deffiat demeurerẽt pour la seureté de la bataille & de l'arrieregarde, iusques au lendemain, qu'ils partirent en fort bon ordre, & se rendirent sur les dix heures dans les faux-bourgs de Saluces auec le canon, qui fut si diligemment placé, ayans fait percer des maisons, qu'il se trouua en batterie à vingt pas des murailles à vne heure delà : De sorte que le Roy fut Maistre de la ville à midy, & ceste nouuelle garnison que le Duc y auoit iettée, contrainte de se retirer dans le Chasteau, où ils n'eurent loisir de demeurer que iusques au lendemain sur les huict heures, que deux canons & vne bastarde furent en batterie : ce qu'on executa auec tant de diligence, qu'en deux heures il en fut tiré quatre-vingt seize coups si aduantageusement, que toutes leurs deffences estans abbatuës du costé de la ville, les soldats des Gardes se rendirent facilement maistres d'vne palissade qui les fermoit de ce costé-là. Ce qui les contraignit de parlementer, & apres quelque peu de contestations liurerent le Chasteau, & se rendirent tous prisonniers de guerre. Tous les soldats furent renuoyez au Duc, les Generaux luy mandans qu'ils sçauoient bien qu'il auoit besoin d'hommes : c'est pourquoy ils luy renuoyoient ceux là. Ceste galanterie & celle de Veillanne furent cause qu'on exerça plus de ciuilité entre les deux Armees qu'on n'auoit fait auparauant. Le Balbian & les principaux prisonniers furent enuoyez au Chasteau Dauphin. Le bruit de ceste action fit quitter aux ennemis le Fort Sainct-Pierre & toute la vallee. Il ne restoit plus là que le Chasteau de Bresol, qui fut pris le lendemain. Ces petites conquestes despleurent tellement au Duc de Sauoye, qui auoit rebroussé chemin pour prendre le logis de Sauillan, qu'il en tomba malade, & mourut à cinq iours de là. Le Marquis Deffiat proposa de iouyr de cet heureux progrez, & continuer le chemin de Cazal : mais il n'en sceut venir à bout, chacun luy repartant qu'il falloit attendre le Marquis de Villeroy qui estoit demeuré derriere, lequel venoit auec six canons, cent mil escus d'argent, & des munitions de guerre, sans lesquels le voyage ne se pouuoit entreprendre auec seureté ny commodité. Qui fut cause que la resolution fut de retourner sur ses pas, & d'aller se saisir de la ville de Revel, & voir en cet entretẽps quelle contenance tiendroit le Chasteau, & couurir par ce moyen toute la Caualleric, à qui l'on auoit donné tout le Val de Pau pour se rafreschir, & loger tous les Regiments le long de la riuiere assez à l'escart, pour leur faire respirer vn peu de bon air. Et bien que ce retour ne fust pas fait sans raison, si est-ce qu'il ne laissa pas d'estre blasmé, & ceux de l'Armee ennemye en mespriser le dessein. Le temps fit voir qu'ils auoient raison : Car, si l'Armee du Roy eust autant marché en auant qu'elle auoit reculé, elle se fust trouuee sur les bras des ennemys, lors que la mort du Duc arriua. Ce qui les eust mis en grand desordre, estans battus & fort diuisez ; & Mantouë n'estant pas encores pris, occupoit Colalte, & le Spinola desia malade, à qui restoit fort peu de gens deuant Cazal : ainsi, la campagne paroissoit tellement libre, que chacun conuenoit de la faute qui s'estoit faite en la perte de cette occasion. Et pour la reparer, le Marquis Deffiat proposa de gagner les deuans du nouueau Duc de Sauoye, & d'aller prendre Moncalier : ce qui estoit aussi facile que la prise de Saluces, & en lieu si aduantageux, que deslors Cazal se pouuoit dire secouru ; car occupans tout le penchant de la montagne de Turin iusques auprez de la riuiere, l'ennemy ne pouuoit passer, & l'Armee se trouuant entre Cazal & le Duc de Sauoye, il ne pouuoit passer ny à droite ny à gauche : de sorte que marchans droit à Cazal il n'eust sceu prendre que les logis que l'Armee du Roy eust quitté, & par ce moyen voir deffaire Spinola, sans luy pouuoir donner secours, & luy-mesme courir apres cela la mesme fortune, l'Armee luy retombant sur les bras. C'est pourquoy il n'eust osé s'y embarquer : Et si en chemin faisant Thurin couroit grande fortune, n'y ayant quasi rien dedans, la peste ayant tout tué, & chacun demeurant d'acord, que l'on en auroit eu fort bon marché. Et pour asseurer en toutes façons Pignerol, fut resolu de faire barriere du Pau, & de mettre dans Saluces le sieur de Montreal auec deux mille hommes de pied, & trois cens Cheuaux, & qu'il falloit se saisir des Chasteaux de Ville-franche, Pencalier, Vigon, & Carignan : ce qui fut approuué de tout le monde: Et pour paruenir à l'execution, Argencourt proposa de feindre deux logis, afin de tromper l'ennemy, de sorte qu'il n'y remediast pas, & venir faire cet effet par l'autre costé de la riuiere, gaignant le pont de Pencalier. Ce qui fut contesté par le Marquis Deffiat, qui estoit autheur de la propositiõ disant que le pont pouuoit estre rompu, ou par l'ennemy, ou par la riuiere : que l'ennemy se doutant de la feinte y pourroit remedier : de plus, que c'estoit perdre trois iours de tẽps, qui estoient chers. Ce qu'il auoit desia fait cognoistre en la proposition qu'on auoit faite, de differer l'execution iusqu'au lendemain: & dit vn mot pour respondre à ces difficultez, qu'il n'estoit plus de la partie, si l'affaire n'estoit executee dés le lendemain, estãt bien certain que l'heureux succez de cette entreprise dependoit de la vigilance, comme le meilleur moyen à tromper l'ennemy. Cela fut approuué de tout le monde, & resolu que le Duc de Montmorency, à qui il escheoit de commander l'Auantgarde, partiroit à minuit; & arriuant à Villefranche, où il n'y auoit que trois ou quatre cens hommes en garnison, se rendroit maistre du bourg, & les contraindroit de se retirer dans le Chasteau, dont il barricaderoit les auenuës, afin de les tenir auec peu de gens, & feroit cependant repaistre auec diligence son Auantgarde : le Mareschal de la Force qui estoit en sepmaine, partiroit au poinct du iour auec la bataille & le canon, & arriuant prendroit les postes de l'auenuë du Chasteau, qui ne pouuoit pas tenir vingt-quatre heures. Cependant le Duc de Montmorency qui auroit repeu, repartiroit à l'instant, & s'iroit saisir du pont, retranchement, & Chasteau de Pencalier, où lon estoit asseuré qu'il n'y auoit personne, estant vn si grand retranchement, qu'vn petit corps ne le pouuoit garder : & vn grand ne pouuoit estre donné à l'Armee du Duc de Sauoye ; & la bataille ayant repeu deuant que l'Arrieregarde arriuast, le Marquis Deffiat deuoit prendre les postes pour acheuer de prendre le Chasteau, & le Mareschal de la Force aller releuer le Duc de Montmorency à Pencalier ; & le Duc de Montmorency s'auancer, faisant encores deux lieuës pour se rendre maistre de Carignan: Ainsi par cette coruee, qui auroit fait faire sept lieuës à l'Auantgarde, cinq à la Bataille, & trois à l'Arrieregarde, tous les passages du Pau se trouuoient occupez, & le Duc de Sauoye esloigné de cinq grandes lieuës de la partie qui estoit plus proche de luy, & estant de l'autre costé de la riuiere n'y pouuoit faire mal, & l'armee du Roy auoit le lẽdemain pour diligences qu'eust peu faire ledit Duc de Sauoye, il n'eust peu empescher que l'Armée du Roy n'eust pris les deuans, & passant l'eau au pont de Carignan de s'aller saisir de Mõcalier aussi facilement qu'elle auoit fait de Saluces, à la veuë du Duc, & de là en tirer les progrez qui ont esté cy-deuant touchez. Et bien que ces choses soient si auantageuses, que le souhait ne peust rien establir de meilleur; si est-ce qu'elles trouuerent leurs difficultez dans l'execution, de telle sorte que l'on perdit deux iours de temps. Le Duc de Montmorency, au lieu de partir à minuit ne commença à faire filer son Auantgarde qu'à neuf heures du matin, le Mareschal de la Force auec la bataille qu'à midy, & le Marquis Deffiat auec l'Arrieregarde incontinent apres; qui pressa autant qu'il peut, & empescha que la Bataille ne logeast à Stafarde, qui estoit embarassee auec son canõ: qui fit tãt de diligences à le retirer d'vn marais où il estoit engagé, que le tout arriua de Soleil à Ville-franche, où ils pensoient trouuer le Duc de Montmorency prest à repartir auec son Auantgarde: mais il fit cognoistre qu'il n'auoit pas enuie de passer outre, qu'il se contentoit de la fatigue de la iournee, & qu'à grande peine ses troupes pouuoient ce iour-là passer outre. Ce qui fut appuyé: & le Mareschal de la Force ayant regret qu'il eust l'honneur de ces progrez en sa sepmaine, dit qu'il auoit raison, & qu'aussi bien le dessein de se saisir de Pancalier estoit vn effet de vigilance & pas digne d'vn General: qu'il y falloit enuoyer seulement deux mil hommes de pied, conduits par vn Mareschal de Camp, representant que le logis de Pancalier estant vn retranchement d'vne Armee entiere, ne pouuoit estre gardé que par elle-mesme: que si elle y estoit; il seroit honteux à vn General de se retirer: qu'au contraire, vn Mareschal de Camp auec deux mil hommes feroient leur retraitte gaillardement. Ce que le Marquis Deffiat approuuant pour le Mareschal de Camp, iugeant bien l'intention de la proposition, dit qu'il falloit que le Marquis de la Force en eust la conduitte: mais qu'il estoit meilleur de luy donner cinq cens cheuaux, & point de gens de pied, parce que la Caualerie feroit sa retraitte plus facilement sans s'engager, s'ils se trouuoient vne Armee sur les bras. Ce qu'estant trouué bon passa en resolution, mais fut differé iusques

au

l'endemain. Ainsi cette iournee se perdit aussi bien que celle du lendemain : car le Marquis de la Force au lieu de partir à minuit, ne partit qu'à sept heures du matin, & ne peut mander de ses nouuelles que sur les dix heures du matin, qui furent, qu'il n'auoit trouué personne. Et sur cet auis, le Duc de Montmorency & le Marquis Deffiat suiuirent auec le reste de l'Auantgarde, arriuerent à Pencalier enuiron vne heure apres midy, trouuerent que la riuiere auoit tout rompu le pont : C'est pourquoy le Marquis Deffiat proposa tout d'vn mesme pas, au lieu de s'arrester à Pencalier, d'aller se saisir de Carignan. Ce qui ne fut pas iugé à propos ce iour-là, & qu'il falloit remettre au lendemain. Et quoy qu'il representast que l'Armee de l'ennemy marchoit, il n'en peut venir à bout, & ne peut gaigner autre chose, sinon que pour ce iour-là l'on demeureroit à Pencalier, & qu'on attendroit au lendemain d'y aller : mais que presentement on enuoyeroit recognoistre Vigon & Virle ; & en cas qu'il n'y eust point de gens de guerre, que lon en emmeneroit les Consuls. Ce qui fut fait : & la Roque Massebaut y alla, qui rapporta qu'il n'y auoit aucuns gens de guerre deçà l'eau, que quatre Compagnies de Carabins qui estoient au Chasteau de Virle. Le Duc de la Trimoüille demanda permission de les aller visiter le lendemain : ce qui luy fut accordé, & monta à cheual auec cinq Compagnies de Caualerie : mais il partit si tard, qu'il les trouua deslogez. Prenant langue, il sçeut qu'ils estoient allez à Carignan : il pousse iusques-là, & les surprit comme ils repaissoient : de sorte qu'il en demeura quelques vns sur la place, & les auttres se retirerent sur le pont du Pau, qui est à vn demy-quart de lieuë au delà : & trouuans les planches du milieu du pont decousuës, les leuerent de leur costé ; faisans ferme, firent leur descharge sur le Duc de la Trimoüille, qui receut vn coup dans le genoüil. Et ledict Duc de la Trimoüille, ne sçachant qu'il y eust des guais proches delà ; & voyant le pont hors d'estat de s'en pouuoir seruir, rebroussa son chemin à Carignan pour se rendre maistre du Chasteau, qui luy fut rendu à la premiere sommation. Il le trouua rempli de bleds, de vins, & de toutes sortes de commoditez & viures, & tout le bourg fort bien garny, ayant tousiours esté conserué comme la maison du Prince de Carignan, dont il donna aduis, & manda que l'on luy enuoyast des gens de pied, tant pour chasser ces gens qui s'estoient barricadez sur le pont, que pour garder le Chasteau. Ce qu'estant entendu par les Ducs de Montmorancy & Marquis Deffiat qui estoient à Pencalier, auec l'Auantgarde seulement, lon trouua quelques difficultez à ceste proposition, disant; que le Mareschal de la Force estant attaché pour ce iour-là à Ville-franche, il falloit garder Pencalier : & que d'enuoyer l'autre partie de l'Armee à Carignan, elle seroit en ce cas trop long bois. Ce qui fut contrarié par le Marquis Deffiat, qui dit, qu'il falloit marcher dans le premier dessein; que lon seroit maistre de Ville-franche dans le soir, & qu'en ce cas le Mareschal de la Force pouuoit partir dez la pointe du iour, & se venir ioindre au Corps de l'Armee : que le Pau estoit vne barriere auantageuse, l'ennemy ne pouuant prendre passage qu'à des guais : Quand on seroit maistre du pont de Carignan, qu'il falloit mettre de bons batteurs d'estrade le long de la riuiere, auec vn Corps de garde à cheual entre les deux qui se trouueroit sur le bord de l'eau, deuant que l'ennemy essayast de passer, & donneroit le loisir d'arriuer à eux deuant qu'ils eussent formé leurs corps : que si lon ne faisoit cela, les ennemis occuperoient le logis de Carignan, où il y auoit apparence qu'ils feroient teste, estant à croire qu'ils n'en estoient pas esloignez, veu la barricade que leurs carabins auoient faite sur le pont, qui ne l'eussent osé faire, s'ils n'eussent senty leur secours bien proche d'eux : & l'Armee des ennemis arriuant, elle empescheroit non seulement le dessein de Cazal, mais de prendre aucun rafraischissement à la campagne, la venant partager auec l'Armee du Roy : & eux au contraire, courans leur pays en receuroient toutes sortes de commoditez. Cette opinion passant pour la meilleure, fut resolu que les Ducs de Montmorency & Marquis Deffiat monteroient à cheual, auec trois cens cheuaux, & six cens hommes de pied des mieux ingambez pour s'en aller droit à Carignan. Et cõme ils sortoient du village, Allexis Lieutenant de la compagnie d'Ocquincourt, qui estoit en garde le long de l'eau, vint dire, que l'ennemy la passoit; qu'il y auoit desia trois compagnies de Caualerie passees, & que l'Armée de l'ennemy estoit en bataille de l'autre costé de l'eau, & se preparoient tous à passer. Ce qui fit changer la resolution de Carignan sur le champ, & aller droit à ce passage, donnant l'ordre aux troupes de suiure s'il en estoit besoin : ce qui ne fut pas necessaire, la teste de la Cauallerie du Roy n'ayant pas eu le loisir d'arriuer sur le bord de l'eau, que les ennemis repasserent en grande haste de l'autre costé. Ainsi ceste occasion se passa fort doucement, ne se tirant que quelques mousquetades de part & d'autre, marchans les vns & les autres le long de la riuiere enuiron vne bonne lieuë, considerans les contenances, sans qu'il y en eust que sept ou huict de blessez, qui se vinrent amonceler alentour du Marquis Deffiat, qui recognoissoit le bord de la riuiere en vn endroit où elle paroissoit fort estroitte, sur vn aduis que lon luy auoit donné, qu'ils faisoient remonter des bateaux (les vns chargez de l'argent de la monstre de leur Armee, & les autres de Canon) pour essayer de les oster à l'ennemy, par le moyen de quelque gaillarde escarmouche. En fin ceste galenterie amusa si bien, que l'occasion de Carignan se passa, & se resolut-on d'enuoyer Miraumont auec quarante soldats de Picardie & Normandie, & deux Sergens pour les ietter dans le Chasteau de Carignan, & mander au Duc de la Trimoüille de se retirer auec toute sa Caualerie à Pencalier; donnant charge audit Miraumont de s'en reuenir auec luy : iugeant que les ennemis ne pourroient dans ceste nuict là venir forcer ce Chasteau, l'Armee du Roy estant si proche : & que le lendemain matin le Marquis Deffiat partiroit auec vne partie de l'Auantgarde, pour se rendre maistre du logis, & les desloger du Pont. Et comme il estoit sur le poinct de partir, auec six Regimens, & huict Compagnies de Caualerie de l'Auantgarde, l'Abbé de la Mante arriua, qui luy vint faire quelques propositions de trefve, pour acheminer les choses à la Paix. Ce qui obligea le Marquis Deffiat de dire au Marquis de la Force, qui faisoit Office de Mareschal de Camp sous luy, de faire aduancer les troupes à Carignan, ne croyant pas que les ennemis y fussent, n'en ayant eu aucun aduis des soldats que Miraumont auoit laissez dans le Chasteau : & neantmoins ils auoient tousiours marché le long de l'eau, & trouuans le pont à leur deuotion, auoient passé leur Armee sans bruit, & blocqué le Chasteau deuant le iour. Ce qui osta le moyen aux soldats du Chasteau de donner de leurs nouuelles: & leurs Regimens ayant filé, s'aduancerent vers Pencalier, iusques à vn lieu aduantageux, pour faire teste aux troupes du Roy, qui se trouuerent aucunement surprises, ne s'imaginans pas que l'ennemy fust en estat de leur faire teste à la campagne: mais comme elles marchoient de bon ordre elles n'y receurent aucun desaduantage, s'attaquans par fausses charges les vns les autres, & passans quelque temps en legeres escarmouches: pendant lequel le Marquis D'ffiat arriua auec trois Compagnies de Caualerie, qui estoient demeurez auec luy; le Marquis de la Force ayant renuoyé vne partie des bagages, & mandé que malaisément on pourroit prendre le logis; l'ennemy en estant le maistre, & si aduancé sur son chemin qu'il luy disputoit la campagne. Le Marquis Deffiat ayant fait rebrousser tous ses bagages du costé de Carignan, & venant au grand trot, faisoit esleuer vne grande poussiere, qui fit peut-estre croire aux ennemis que le reste de l'Armee suiuoit: de sorte qu'ils commencerent à bransler; & les soldats du Roy prenans cœur à l'arriuee dudit Marquis, pousserent si viuement leur pointe, que les ennemis lascherent le pied, en tel ordre toutesfois, que iamais soldat ne perdit son rang, faisans leurs descharges les vns apres les autres, quittans le chemin pas à pas. Le Marquis Deffiat marchoit aussi en si bon ordre, qu'il ne perdit pas vn temps, gaignant tousiours sur leur terrain: & les siens si aduertis, qu'il n'y auoit soldat qui n'eust l'œil au guet, auançant tousiours chemin. De sorte qu'apres auoir bien disputé, les deux Armees se trouuerent à l'entree de la nuict dans les ruës de Carignan, où l'ennemy laschant le pied vne ruë apres l'autre; & enfin estant chassé de tout le bourg, il fut contraint d'abandonner les auenuës du Chasteau, que les quarante soldats que Miraumont y auoit iettez, auoient tousiours gardé, & se retira tout à fait au delà du pont. Le Marquis Deffiat se voyant maistre non seulement de Carignan, mais de la campagne, & de tout ce qui est au deçà du Po, songea à s'asseurer ce logis, pour donner commodité aux gens de guerre de se rafraischir. Et sur ce point-là les gardes à cheual qu'il auoit posez au bout du pont, luy amenerent vn trompette du Duc de Sauoye, qui auoit reconduit l'Abbé de la Mante, & ramenoit encores le Secretaire dudit Abbé rendre response audit Marquis de son Altesse, sur ce qui s'estoit passé entre luy & ledit Abbé; qui fut, que le logis de Carignan auoit tellement changé les affaires, qu'il n'y auoit point de response à faire, son Altesse estant extraordinairement offencée de l'affront qu'elle auoit receu en quittant le logis de Carignan; & qu'elle creueroit, ou qu'elle le regaigneroit le lendemain matin. Le Marquis luy respondit en riant, en presence de tous les Officiers de l'Armée, qu'il luy sembloit que le Duc estoit si maigre, qu'il ne pouuoit iamais finir par vne maladie qui fist creuer, & qu'il luy seroit pourtant plus aisé que de reprendre le logis qu'il auoit perdu. Et lors le Secretaire luy repartit, qu'il ne comprenoit pas comment la chose fust si difficile, puis que ledit Duc sçauoit bien qu'il n'auoit que l'Auantgarde de l'Armée du Roy, & que son Altesse auoit la sienne toute entiere. Et le Marquis luy repartit, que le Duc estoit mal aduerty, & qu'il l'asseuroit que tant s'en faut qu'il eust l'Auantgarde, qu'il luy protestoit n'en auoir que la moitié: le Duc de Montmorency estant demeuré auec l'autre moitié à garder le logis de Pencalier; & le Mareschal de la Force auec la Bataille, & Arriere-garde à Ville-Franche; & que son Altesse pouuoit asseurémẽt là dessus former son dessein: Mais que si elle ne vouloit point perdre de temps, il falloit les visiter deuant neuf heures; parce qu'à ceste heure-là le Duc de Montmorency seroit ioint, & qu'auant midy le Mareschal de la Force le seroit aussi. Le Secretaire s'en retourna assez mal satisfait de ceste viue responce. Et le Marquis, auec toutes ses troupes s'en alla droit à Carignan, qu'il trouua fermé de trois grands ruisseaux, dans lequel y auoit vne belle place au milieu du bourg, où il logea la Cauallerie, & toute l'Infanterie alentour, à qui il fit faire de bonnes barricades aux auenuës, se seruant de l'auantage de ces ruisseaux, & de grands feux par tout, & fit donner grande quantité de vin dans tous les Corps de garde: ainsi tout le monde gousta ce rafraichissement qu'ils auoient bien merité, ayans soustenu le combat en diuerses escarmouches, depuis les neuf heures du matin iusques à dix heures du soir : & ainsi passerent la nuict fort doucement, sans auoir aucune alarme. Le Duc de Montmorency s'y rendit à neuf heures, & le Mareschal de la Force à midy, & toute l'Armée se ioignit ce iour là, horsmis vne partie de l'Arrieregarde qui demeura à Pencalier, auec toutes les munitions de guerre, & le Regiment de Gondin, que le Mareschal de la Force auoit laissé dans le chasteau de Villefranche, & Ianson dans Saluces auec les compagnies de Caualerie de Bandeuille, Comte de Luserne, & Capitaine Philippes. L'apresd inée on resolut, voyant que l'ennemy estoit logé & fortifié de l'autre costé de l'eau pou empescher le passage, d'enuoyer le Baron de Roches recognoistre le pont de Moncalier. Il se trouua que les ennemis l'auoient rompu ne le pouuant garder, estant distant d'vne bonne mousquetade de la ville, & s'ils n'auoient pas laissé de loger vn Regiment d'Allemans à quelques maisons qui estoient de ce costé-là: & ne se contentans pas de ce. , ils auoient encores logé deux autres Regimens d'Allemands en deux isles qui estoient au costé du pont de Carignan : Et lon vint dire aux Generaux, que les Espagnols auoient tracé vne grande demi-lune au bout du pont, & que tous les soldats de l'Armée qui estoient logez de l'autre costé, venoient en file, compagnie par compagnie, apporter nombre de facines : de sorte qu'en peu d'heures ceste demi-lune parut esleuée. Ainsi tous les passages estans bouchez, il fut mis en deliberation, s'il estoit à propos d'en forcer quelques-vns, trouuer vn guay, ou rebrousser chemin iusques à Saluces, qui estoit à 7. lieuës de là, ou couler deçà le Po, passer la Doüaire-fusine, s'en aller prendre Chiuas, & passer le Po à Cazal : le sieur de Thoiras ayant mandé qu'il auoit des batteaux en suffisance de son costé, dont il estoit tousiours demeuré maistre, & le Capitaine Gaye Montferrin asseuré qu'il prendroit Chiuas, & qu'il ameneroit en l'Armée pour le moins trois mil Montferrins. Cet aduis sembla meilleur, & tout le monde s'y porta. Et pour ne s'embarquer pas sans biscuit, on prit resolution d'enuoyer recognoistre ce chemin : & cependant l'Armée du Roy estât maistresse de toute la plaine qui est au deçà le Po, ayant chassé les ennemis au delà, se resolut d'employer huict ou dix iours de temps à faire de grands magazins de bleds & viures dont la campagne estoit couuerte, & les greniers de Carignan bien fournis; desquels le Marquis Deffiat s'estoit si bien seruy, que depuis le commencement de Iuin il auoit espargné plus de quarante mil escus par sepmaine au Roy, qu'il luy coustoit pour les viures de l'Armée: & auoit fait conduire par les cheuaux de l'Artillerie prez de trente mil mines de bled dans les magazins de Pignerol, tout cela ne coustant que la voicture, dont la plus grãde part ne reuenoit à rien, estant faite par les cheuaux de l'Artillerie & bagages de l'Armée. On estime que l'espargne qu'il faisoit sur les prests, & autres despences de l'Armée, montoit encore à de plus grandes sommes que celle qui se faisoit sur les viures. On dit aussi, que le mauuais air pestiferé, & les fatigues qu'il a endurées en ce pays-là, estant tousiours enuironné de pestiferez, luy ont causé la grande maladie qu'il a euë, les grandes charges qu'il exerçoit l'obligeant à cela. Mais reuenons à ceste demy-lune, que les Espagnols auoient mis en defense en moins de rien, & considerons le peril de ce voysinage, n'y ayant qu'vne prairie entre les deux Armées, & que l'ennemy s'estant fortifié, pourroit recouurer vn plus grand auantage que celuy qu'il auoit perdu à Veillanne. Le Marquis Deffiat fit cognoistre l'inconuenient qui en arriueroit, & qu'au deslogement de l'Armée l'ennemy venant en ordre, comme il en auoit la commodité, en pourroit tailler vne partie en pieces, sans que l'autre la peust secourir; tans les chemins sont incommodes en ce pays-là, la campagne se trouuant toute couuerte de hautes vignes & arbres fruictiers: Nonobstant cela, l'on n'estima pas que l'on deust prendre le hazard d'vn grand combat, pour chasser l'ennemy d'vn bout de pré qu'il auoit fortifié. Ce qui luy donna loisir d'accroistre tousiours son trauail, & le rendre capable d'vn plus grãd Corps que celuy qu'il y auoit logé au commencement: & fit voir sensiblement qu'il auoit autre dessein que de garder ce passage, puis qu'il ne se contentoit pas de l'auoir asseuré, faisant passer le pont à ses troupes, en logeant le plus grand nombre qui luy estoit possible du costé de l'Armée du Roy. Cela fit iuger à tout le monde le peril que le Marquis Deffiat y auoit remarqué au commencement. Ce qui obligea ledit Marquis à dire, que, puisque sa Majesté se reposoit sur son soin de ses affaires en ce pays-là, il desiroit qu'il se tint vn Conseil solemnel, où tous les principaux Officiers de l'Armée fussent appellez, & que la resolution passast par la pluralité des voix, apprehendant de n'estre non plus creu ceste fois-là que les autres; & faute de conuenir du remede, qu'il craignoit quelque mauuais euenement: Aussi, que pour n'auoir pas voulu attaquer l'ennemy au cõmencement, on s'estoit commis au hazard d'vn mauuais succez, l'ennemy s'estant extraordinairement fortifié. C'est pourquoy il vouloit que la resolution qui se prẽdroit fust si solemnelle, qu'elle luy seruist de descharge. Ainsi le Conseil fut assemblé en la chambre du Duc de Montmorency, qui estoit en sepmaine, où tous les Maistres de Camp, Lieutenans, Colonels & Capitaines de cauallerie furẽt appellez: Et lors Argencourt, qui auoit eu charge de recognoistre la place, pour en faire son rapport (ce qu'il fit parfaitement bien) representa qu'il n'y auoit salut pour l'Armée du Roy qu'à desloger l'ennemy, & luy faire repasser l'eau; qu'autrement lon perdroit la moitié de l'Armée au deslogement, n'estant pas possible de la pouuoir mettre en bataille contre l'ennemy, à cause de l'incommodité du pays: & que de luy faire plus long-temps teste à ce logis, il seroit inutil. Aussi qu'il n'y auoit nulle apparence, tant la peste estoit furieuse à Carignan: ce qui faisoit diminuer l'Armée du Roy à veuë d'œil, & qu'il n'y auoit plus de tẽps à perdre pour aller secourir Cazal. Car on auoit auis de tous costez, qu'il estoit extraordinairement pressé: Et ainsi l'ennemy demeurant en presence faisoit son effect, & nous empeschoit le nostre. Cela fut si sensiblement cogneu à tous ceux qui l'ouyrent, que tous d'vne voix se porterent à resoudre l'attaque pour le lendemain. Ainsi tous les ordres donnez, & resolution prise, Argencourt fut de nouueau ordonné pour recognoistre le soir par où lon la deuoit commencer; & cependant toutes choses se preparerent au lendemain sur les cinq heures apres midy: Et comme le Conseil estoit assemblé chez le Marquis Deffiat pour en ouyr le rapport, il vint dire que l'ennemy estoit si fortifié, qu'il n'y auoit plus d'esperance de l'emporter d'emblée, & qu'il n'y falloit point songer, si on ne le vouloit attaquer, comme vne place

place reguliere. Le Marquis Deffiat prenant la parole, se mit fort en colere contre ledit Argencourt, luy disant, qu'il auoit grand tort qu'il n'auoit allegué toutes ces difficultez auparauant : que c'estoit faire perdre la reputation aux Generaux, d'auoir fait resoudre par tous les Officiers vne attaque, pour dire par apres en vn Conseil particulier qu'elle ne se pouuoit; & les rendre garans du dommage que l'Armée receuroit infailliblement au deslogement. Et tout le Conseil prenant la deffence pour Argencourt, dit, qu'il ne pouuoit rapporter que ce qui estoit. Ce qui embarrassa fort le Marquis Deffiat, qui ne voyoit que des precipices en ceste resolution : ce qui faisoit qu'il n'en pouuoit conuenir; disant, que de desloger ayant l'ennemy sur les bras, c'estoit peril; que de l'attaquer pied à pied, cela faisoit vn mesme effet, estant asseuré que l'on n'en viendroit à bout de plus de six sepmaines: pendant lequel temps Cazal se perdroit, & les finances, viures, & munitions de guerre de l'Armée du Roy se consommeroient à reprendre vn coin de pré que l'on auoit abandonné de gayeté de cœur; & que c'estoit à la fin achepter des millions d'or, ce qu'on pouuoit auoir au commencement pour des escus. Ce discours estonna la compagnie, chacun conuenant que ces raisons estoient de pois : ce qui fit que lon dit, qu'il falloit donner le soir deux cens mousquetaires à Argencourt pour faire vne attaque, en faueur de laquelle il feroit sa recognoissance plus seure. Ce que le Marquis Deffiat reietta aussi bien que la premiere proposition, disant, qu'il n'y auoit nulle raison, puis que l'experience nous auoit apris, que nous n'auions iamais rien resolu dans le Conseil que l'ennemy n'en fust aduerty deux heures apres, en quelque distance qu'il fust, & qu'infailliblement il le seroit de ce dessein, les soldats parlans tous les iours les vns aux autres, & qu'il estoit passé cinq ou six trompettes de part & d'autre depuis hier : que l'attaque par les preparatifs estoit cogneuë à tout le mõde, & que les ennemis le sçachant, ils seroient, à present que nous parlons, tous sur leurs armes en bataille : & qu'enuoyer deux cens hommes là, c'estoit les mettre à la boucherie, car asseurément ils les tailleroient en pieces deuant que lon fust sorty de Carignan pour les secourir; & que ne se sentans point soustenus, ils iroient si foiblement, qu'ils ne feroient rien que de perdre cœur, & remettre les ennemis en curée: Et les soldats de l'Armée du Roy au contraire auroient subiet de craindre, & que, puis qu'on vouloit differer l'attaque, il falloit faire vne recognoissance qui fust telle, qu'elle peust prendre tout l'auantage que l'occasion offriroit, & qu'il ne desesperoit point que l'on ne l'emportast d'emblee, pourueu que la chose se fist auec la vigueur qui se doit: & pour cet effect, qu'il falloit tirer deux cens bons hommes de chaque Regiment, qui donneroiēt de trois costez, par les deux flancs de la demie-lune tout à la fois: cela soustenu d'vne meilleure partie de l'Armee, qui suiuroit auec toute la cauallerie sur les deux aisles, marchant droit aux deux guais qui sont aux deux costez du pont: & cet ordre faisant vn grand front, il partageroit l'esprit de l'ennemy, en sorte qu'il luy seroit difficile de pouruoir à tout: & ainsi bien preparez, la recognoissance pourroit deuenir attaque auantageuse. Car l'ennemy se sentant fort tenoit vn grand corps de garde hors sa demilune de cinq cens hommes de pied sur chacune auenuë, lesquels auroient honte de lascher le pied à la premiere decharge. Et ceux du Roy ayant fait la leur, auoient ordre d'aller droit à eux l'espée à la main, les poussant si viuement, qu'ils peussent entrer pesle-mesle dans la demy-lune; & ainsi on la pourroit emporter sans courre grande fortune, n'ayant à boire que la premiere descharge. Cet auis fut vn peu contesté: enfin tout le mōde vint à ceste opinion. Ce qui reüssit si heureusement, que le sieur Doriac, qui s'estoit aduancé à la teste de ceux qui soustenoient les Enfans-perdus, du costé des gardes, dit, qu'il n'auoit pas fait vn pas, qu'il ne se ressouuint de ce que le Marquis Deffiat auoit dit en son opinion, trouuant le succez tout semblable à ce qu'il en auoit preueu. Et si l'on eust totalement suiuy son opinion, & que l'Armée eust esté en estat de passer outre, les ennemis estoient entieremēt deffaits, tant ils furent surpris d'effroy & d'estonnement, se voyans si viuement attaquez. Les Espagnols y furent entierement taillez en pieces, & deux Regimens d'Allemands. Il y eut deux fils de Grands d'Espagne tuez, le Colonel des Espagnols, nommé Martin, d'Aragon pris prisonnier, & plus de sept-vingts autres Officiers. Ceste action venant en suite de ce qui s'estoit passé à Veillanne, Reuel, Saluces, Ville-Franche, prise du logis de Carignan, donna grand estonnement aux ennemis. Ayant d'autre costé eu aduis, que le Cardinal de Richelieu estoit sur le point de passer auec vne Armée de dix mille hommes de pied, & cinq cens cheuaux, pour venir auec ce Corps prendre l'Armée du Piedmont, & selon sa generosité ordinaire, sans marchander, s'en aller droit à Cazal. Cela donna sujet au Marquis Deffiat de luy escrire, qu'il estoit bien asseuré qu'il n'y auoit quasi personne dans Veillanne, la peste ayant tout tué ; & qu'en chemin faisant, il pourroit prendre ceste place, qui estoit de reputation & de grande commodité pour l'entrée du passage de Suze. Et pour faciliter la cõionction des deux Armées, asseurer ce dessein, & empescher que la place ne receust aucun secours ny rafraischissement; que de Carignan on s'achemineroit droit à Virle, pour en oster la ialousie, & donner quelque loisir de rafraischir les soldats de l'Armée, pour de là aller tout d'vne traite se saisir du logis de Riuol, qui est entre Turin & Veillanne. & se rẽdre maistre du pont d'Arpignan. Cela fut trouué bõ par le Cardinal de Richelieu. Mais les affaires du Roy, ny les grandes cabales de la France, ne luy peurent iamais permettre de passer les monts, dont il fut extrememẽt marry : ce qui luy fit confier ce dessein au Mareschal de Schomberg son bon amy, qui s'en aquitta tres-dignement : car sans attendre que le reste de ses troupes fust passé, auec deux mille hommes de pied, & deux cens cheuaux, il vint attaquer Veillanne, prit les dehors, & du mesme pied emporte la ville, & bloque le chasteau. Et ayãt depesché en mesme temps au Marquis Deffiat, pour luy donner aduis de ce qu'il auoit fait, qui en aduertit incontinent le Duc de Montmorency, qui estoit logé à Pencalier, & le Mareschal de la Force à Virle : Aussi tost commandement fut donné de faire battre aux champs ; & l'on s'en alla prẽdre le logis de Nonne & de la Voluere, dont ils deslogerent à la pointe du iour, l'Auantgarde se rendãt dés les cinq heures du matin à Riuol, & le reste de l'Armée suiuante occupa ce logis, & celuy de Riualte. Ainsi le Mareschal de Schomberg se trouua couuert par ce moyen, & pressa le chasteau de telle sorte, que dedãs 8. iours il s'en rendit maistre. Cela estonna fort le Duc de Sauoye, & le fit resoudre à terminer les affaires par la douceur. Le sieur

Mazarin l'y confirma, qui a tousiours marché de tres-bon pied à ce qui estoit de la paix. Il auoit eu desia quelques abouchemens auec le Marquis Deffiat à Virle, que ledit Marquis auoit volontiers escouté, essayant par toutes voyes de sauuer Cazal, apprenant par trois depesches qu'il auoit receuës coup sur coup du sieur de Thoiras, que Cazal estoit perdu, qu'il n'y auoit plus de resource d'y arriuer à temps. Ce qui fut cause qu'on se resolut à faire vne trefve de quinze iours: Pendant lequel temps le Mareschal de Schomberg prit Veillanne, & le chasteau de S. Michel, qui auoit esté bloqué auparauant la trefve, & qui en furent exceptez. Et l'Armée du Roy quitāt le logis de Riuol, qui estoit plein de peste, s'eslargit vn peu dans la plaine du costé de Vineux. L'on en separa les malades, & les enuoya-t'on à S. Ioüere, les bagages superflus à Pignerol: & l'on fit faire des farines & biscuits pour quinze iours. Et pour ne perdre aucun temps, les Generaux enuoyerent au sieur de Thoiras, pour sçauoir s'il pouuoit tenir encores huict iours, dans lequel temps ils seroient à luy: & s'il ne pouuoit attendre, il luy estoit permis d'accepter vne trefve, qui seroit prolongee de six sepmaines, liurant la ville & le chasteau aux Espagnols, & gardant la Citadelle, dans laquelle il se retireroit auec tous ses hommes & munitions de bouche & de guerre: & luy seroit donné des viures pour autant de temps que dureroit la trefve, qui deuoit aller iusques au 15. d'Octobre. Et en cas que la Citadelle fust secouruë dans ce temps-là, les Espagnols deuoient donner seureté de rendre la ville & le chasteau entre les mains du Roy: que si on ne le pouuoit secourir dans ledit temps, le sieur de Thoiras seroit aussi obligé de rendre la Citadelle entre les mains des Espagnols. Ainsi c'estoit sauuer Cazal par vn traicté, s'il ne pouuoit attendre les huict iours qu'il estoit necessaire d'employer pour la conduite de l'Armée: sinon, c'estoit gaigner six sepmaines de temps pour assembler ce qui seroit necessaire, en cas que les affaires ne se peussent accommoder. Ce qui a si bien reüssi, que les Generaux eurent depuis le temps & l'occasion de donner le secours à Cazal, qui a remis le Duc de Mantoüe en ses Estats, & a donné la paix à l'Italie.

Excellent Discours sur le iuste procedé du Roy tres-Chrestien Louys XIII. en la Deffence du Duc de Mantouë l'an 1630.

PAr le Traicté faict à Suze l'an 1629. entre le Roy & le Duc de Sauoye, ledit Duc est obligé de secourir Cazal de viures & de munitions de Guerre, en payant, & de ioindre ses armes à celles du Roy, lors que le Duc de Mantouë aura besoing de deffence pour la conseruation de ses Estats.

Au preiudice de ce Traicté, le Roy ne fut pas quasi party de Suze, que le Duc de Sauoye ne commençast à faire des trames secrettes, pour de nouueau priuer le Duc de Mantouë du repos qu'il deuoit auoir en ses Estats.

Peu de temps apres, des troupes Allemandes entrent dans les Grisons, prennent & fortifient tous leurs passages, se saisissant de leur ville Capitale : passent en suitte en Italie, & attaquent le Duc de Mantouë au mesme temps que les Espagnols entrent aussi dans le Montferrat.

Le Roy voyant la nouuelle oppression de ce pauure Prince, n'oublia rien de ce qui luy fut possible pour la faire cesser par voye de negotiation. Mais ne pouuant par ce moien rien aduancer à la iuste fin qu'il s'est tousiours proposee du repos de l'Italie ; il se resolut d'enuoyer vne armee puissante pour secourir le Duc de Mantouë.

La Republique de Venize, qui l'auoit desia puissamment assisté, prit la mesme resolution, selon qu'elle y estoit obligee par vne ligue faite exprez auec le Roy. Et dautant que le Duc de Sauoye auoit signé la mesme ligue, outre vn autre Traicté particulier fait sur le mesme subject entre le Roy & luy ; Sa Majesté le fit solliciter, & la Republique s'employa vers luy, pour le porter à satisfaire à son obligation.

Comme les forces de sa Majesté sont esloignees de ses Estats, il promet toute facilité en cette entreprise : il asseure qu'il ioindra ses armes à celles du Roy, & fournira les viures necessaires pour l'accomplissement du dessein de sa Maiesté.

Le Mareschal de Crequi conuient auec luy de plusieurs poincts à cet effect, & entre-autres sur le sujet des viures, qu'il en donneroit en ses Estats autant qu'on en voudroit, pourueu qu'on luy en liurast pareille quantité à Nice, où il estoit aysé d'en faire venir de Marseille; & qu'on luy payast trois escus d'or pour la voicture de chaque charge.

Sur ce fondement on fait transporter à Nice 15000. sacs de Blé, & les Armes du Roy s'approchent d'Italie. Comme le Duc aprit qu'elles estoient desia aduancees iusques à Lyon, il rend difficile & presque impossible ce qu'auparauant il auoit tesmoigné pouuoir executer auec facilité. Il fortifie la teste de Veillanne du costé du Suze, pour estre en estat de leur empescher le passage s'il vouloit.

Il croyoit le Roy si necessité à ne se pouuoir passer de luy, qu'il se promettoit en tirer tous les aduantages qu'il voudroit.

Il propose la Paix, mais à des conditions impossibles, & qui n'eussent esté bonnes que pour luy. Aussi ne la vouloit-il pas, mais bien allumer vne forte guerre entre la France, l'Empereur & l'Espagne, & demeurer simple spectateur en estat de iuger des coups, & prendre son temps de fauoriser qui bon luy sembleroit, selon qu'il estimeroit plus aduantageux pour ses interests.

Le Cardinal de Richelieu le presse autant qu'il luy est possible de satisfaire à ce à quoy il est obligé par ses Traictez & ses promesses.

Il recule, & trouue des eschapatoires: auiourd'huy il demande vne chose, demain il en veut vne autre. On luy promet tout ce qu'il pouuoit desirer, mesme au delà de la raison.

Il veut qu'on luy entretienne grand nombre de gens de guerre outre ce qui est porté par le Traicté de Suze.

. On luy accorde l'entretien de 5000. hommes de pied & 500. Cheuaux.

Il demande qu'on oste les gens de guerre qu'on a mis au pont de Gresin. On consent encores à cette demande: mais deux poincts empeschent principalement qu'il ne soit content, & que le Cardinal, qui sçauoit les intentions de son Maistre, ne puisse conuenir auec luy: L'vn, qu'il a dessein d'obliger le Roy à ne faire iamais la guerre, qu'apres la conqueste entiere du Duché de Milan: L'autre, que sous pretexte d'vne diuersion, il veut attaquer les Genois au mesme temps que les Armes du Roy entreront dans le Milanois.

On luy represente que la raison & la prudence ne pouuoient permettre ce qu'il desiroit. Qu'on n'estoit venu que pour la deffence du Duc de Mantouë: Mais que si elle contraignoit d'entrer dans les Estats d'Espagne, le Roy estoit resolu de ne rendre iamais ce qui luy escherroit: Que pour ce qui estoit de Gennes, sa Majesté moienneroit qu'il receust satisfaction auec le temps; & se rendroit garant, que cette Republique ne feroit aucune entreprise contre luy, pendant que les forces de France seroient en Italie.

Quoy qu'on luy die, il ne peut despoüiller l'aprehension qu'il a, qu'apres qu'on aura commencé la guerre on ne face promptement la Paix; Et ceste consideration l'empesche de contenter sa Majesté, & se ioindre à la iuste deffence du Duc de Mantouë.

Il est impossible de representer les diuers moyens dont il vse, pour contraindre les Armes du Roy à venir à ses fins.

On auoit fait diuers Traittez auec luy pour les viures necessaires à leur subsistence, mais il n'en execute aucun. Il promet tout & ne tient rien. Il ne veut pas seulement permettre qu'on achepte des bleds de plusieurs Marchands qui en veulent vendre en ses Estats. Il fait emprisonner ceux qui ont fait de tels marchez aussi-tost qu'il en a eu cognoissance: il fait encore le semblable d'vn Marchand, auec lequel on auoit fait prix pour voiturer les bleds qu'on a fait venir à Nice auec son consentement. Aussi il ne vouloit ny en fournir, ny permettre qu'on en trouuast, ny qu'on eust moyen de se seruir de ceux qu'on auoit fait venir de France.

Nonobstant tous ces manquemens, il pretendoit faire passer l'armee du Roy dans le Montferrat, où sa pensee estoit de l'embarquer sans viures, pour la tenir à sa mercy, entre les forces d'Espagne, de l'Empereur & les siennes.

Le Cardinal de Richelieu cognoissant son dessein, se resolut de s'aduancer à Cazelette, afin qu'estant plus proche du cœur de ses Estats, la consideration & la crainte des Armes du Roy le portast à ne les contraindre pas de faire quelque entreprise à son preiudice, contre leur premiere intention. On n'oublie rien de ce qui se peut pour le persuader d'accomplir ses paroles.

Le Duc au contraire presse le Cardinal de partir de Cazelette, & passer au Montferrat. Le Cardinal luy declare qu'il ne le feroit point, qu'il n'eust les viures qu'il luy auoit promis, & qu'il ne leuast aux armes du Roy les jalousies que iustement elles deuoient prendre de son procedé.

Pour cet effect le Cardinal enuoye les sieurs de Theyras Mareschal de Camp, & d'Hemery Intendant des finances, le trouuer à Riuole où il estoit pour le prier de l'vn & de l'autre.

Il respond diuersement, tantost il se met en cholere iusques à venir aux rodomontades; par apres il s'adoucit, & promet en termes generaux ce qu'on demandoit, sans se disposer à aucune chose qui en fist voir l'execution. Le Prince mesme visite le Cardinal, & luy promet en termes exprés de leuer les ombrages que Veillanne luy pouuoit & deuoit donner. On en auoit quelque creance mais on veid bien-tost l'effet de ses paroles: veu que le lendemain le Duc fit venir les troupes qu'il auoit à Veillanne; il assemble toutes ses forces, prend deux grands logements qui sont sur la Riuiere de la Doüaire, par lesquels seuls il estimoit que les Armes du Roy peussent aller à luy: met des Corps de garde sur les guez de la Riuiere, & tient iour & nuict grand nombre de gens de pied & de cheual entre Cazelette & Riuole, où il auoit toute son Armee. Comme il eut ainsi disposé ses affaires, il retira des Commissaires qu'il auoit establis, pour faire fournir des viures à l'armee du Roy pendant son passage.

Ainsi il falloit s'auancer à Cazal, sans y auoir les viures qu'il deuoit fournir en contr'eschange de ceux qu'on luy auoit donnez à Nice, ou reculer à Suze, ou perir par la necessité.

Le Cardinal voyant les inconueniens qui pouuoient arriuer

uer d'vne trop grande patience en ceste occasion, iugeant aussi qu'il n'estoit pas honorable aux armes du Roy, que le Duc de Sauoie tesmoignât pouuoir & vouloir le cõtrecarrer; il resolut auec les Lieutenans Generaux, Duc de Montmorency & principaux Officiers de l'Armee, de se mettre en estat de prendre le passage apres luy auoir demandé; & de suiure les ordres precis que deux iours auparauant il auoit receus du Roy, d'attaquer les Estats du Duc de Sauoye, s'il ne vouloit satisfaire aux Traictez qu'il auoit passez auec sa Majesté à Suze. Pour cet effect il enuoya querir l'Auantgarde de l'Armee du Roy, qui estoit logee dans le Montferrat à six grandes lieuës de luy, où le Mareschal de Crequi l'auoit fait auancer, parce qu'il esperoit que le Duc de Sauoye agiroit sincerement auec sa Majesté, & qu'ainsi les forces du Roy auroient lieu d'aller sans delay s'opposer directement au mal qu'on vouloit faire aux Estats du Duc de Mantouë.

Ceste Auantgarde aprochee, le Cardinal donna rendez-vous à toutes les troupes de l'Armee, la nuict du dix-sept au dix-huict de Mars, aupres d'vn lieu où il y auoit deux guez qu'il auoit fait recognoistre le iour auparauant, & y auoit assez de place pour mettre en bataille vne partie des forces du Roy.

On deuoit à la pointe du iour mettre six canons sur le bord de la riuiere, en deux lieux recogneus à cet effect, & à la faueur d'iceux, qui eussent tenu les troupes du Duc vn peu esloignees, la Caualerie eust passé en esquadrons à gué; Et ayant pris son champ de bataille, l'Infanterie eust filé sur vn pont preparé à cet effet. En suitte dequoy apparemment le Duc de Sauoye n'eust pas fait ses affaires.

Deuant que de tenter par force le passage, on auoit dessein d'enuoyer vn Gentil-homme au Duc de Sauoye, pour luy representer les inconueniens qui pouuoient arriuer à l'Armee du Roy au lieu où elle estoit, & le tort qu'il se faisoit en tesmoignant qu'il vouloit y opposer ses forces; le prier de ne le pas faire, & luy dire ouuertement, qu'au cas qu'il n'accordast pas le passage, on estoit resolu de le prendre. Le sieur de Cominges Capitaine des Gardes estoit destiné à cet effect.

Le iour estant venu on s'apperceut que l'Armee du Duc de Sauoye s'estoit retirée la nuict dans Thurin auec luy, & que la campagne estoit libre. Cela estant, on fit passer la Caualerie aux guez comme on l'auoit proietté, & l'infanterie à l'vn des Ponts, que le Duc auoit pris pour fermer le passage. Il est impossible de representer le mal que souffrit l'Armee du Roy cette iournee, iamais on ne veid vn tel temps. Il auoit fait le iour auparauant le plus beau du monde: mais sur les trois heures apres minuit il vint vne pluye, neige, & gresle, le tout si extraordinairement, qu'il n'y auoit personne qui ne fust moüillé depuis la teste iusques aux pieds: ce qui n'empescha pas les pauures soldats, (reduits à telle extremité qu'il en mourut de froid) de faire gayement leur deuoir. Dieu permit que le temps s'estant mis au beau sur l'apresdinee, & le logement de Riuole estant bon, les soldats qu'on fit sejourner vn iour pour les rafraischir, sans leur espargner le vin & la viande, qui leur fut distribuee auec ordre, ne penserent plus aux incommoditez passees.

Aussi-tost que l'Armee du Roy eut passé la riuiere, le Cardinal enuoya le sieur Seruient, Intendant de la Iustice en icelle, vers le Duc de Sauoye, pour luy dire que rien ne l'auoit contraint de prendre le passage, que l'obligation qu'il auoit à ne laisser pas perir l'Armee du Roy; qu'il n'auoit pour le present autre dessein, que de la mettre en lieu où elle peust viure commodement; Que cela n'empescheroit point s'il vouloit, qu'ils ne vescussent en bonne intelligence; mais que s'il ne l'estimoit pas à propos, il se gouuerneroit selon que son procedé luy en donneroit subiect. Il ne voulut pas veoir ledict Seruient, ny permettre qu'il veid Madame, ny le Nonce, ny l'Ambassadeur de Venise.

Le lendemain ledict Cardinal y renuoya encores, non plus pour parler au Duc, mais pour auoir la permission de rendre compte à Madame de ce qui s'estoit passé; & en instruire le Nonce, & l'Ambassadeur de Venise. Il refusa encores la priere qui luy fut faicte sur ce subiect: Mais sur le soir il enuoya vn Trompette au Cardinal, pour luy dire, que s'il vouloit donner vn passeport pour vn des siens, il enuoyeroit traitter auec luy. Le Cardinal accorda sa demande, & deliura promptement son passeport, dont il ne veid depuis aucun effect. Cependant les grandes Armées ne deuant iamais perdre temps, ledit Cardinal fit aduancer celle du Roy droict à Pignerol, pour ouurir les passages des Alpes, oster les barrieres qui empeschoient que la France n'eust libre communication auec l'Italie, & se mettre en estat qu'il peust receuoir du Dauphiné les viures qu'il y auoit fait amasser pour l'Armee du Roy. Ce qui succeda heureusement.

La place fut inuestie le vingtiesme Mars sur les six heures du soir, par le Mareschal de Crequi qui menoit l'Auantgarde. Le Cardinal y estant arriué le vingt-vniesme à quatre res, fit trauailler auec vne telle diligence toute la nuict, que le lendemain à dix heures trois canons furent en estat de faire bresche sur le bord du fossé, ce qui porta ceux de la ville (qu'on fit sommer au mesme temps) à se rendre, & se garentir par ce moyen de la rigueur des Armes de sa Majesté.

Le mesme iour on attaqüe le Fort de la Perouse, qui se rendit à composition, par le moyen dequoy le passage des viures qui venoient de France fut ouuert.

Aussi-tost que la ville & Chasteau de Pignerol furent prises, le Marquis de Spinola & le Duc de Sauoye, qui iusques-là n'auoient point voulu prester l'oreille à aucune condition de Paix raisonnable, firent clairement entendre par les Ministres du Pape, mesme par la bouche de Monsieur le Legat, que pourueu qu'on voulust rendre ceste place, ils se porteroient à toutes sortes de conditions raisonnables pour la Paix.

Le Cardinal de Richelieu, qui sçachant les intentions de son Maistre ne desiroit autre chose que la Paix, respondit qu'il estoit impossible qu'il eust le pouuoir de restituer Pignerol, puisque sa Majesté ne pouuoit encores en sçauoir la prise : Mais qu'il pouuoit bien asseurer, que le Roy ne vouloit pas s'agrandir des despouilles de Monsieur de Sauoye : Qu'il se promettoit d'estre bientost aupres de luy qui s'aduançoit vers Lyon ; & que lors il se faisoit fort de faire veoir par effect, que la restitution de Pignerol n'empescheroit point vne bonne Paix.

Le Cardinal ne fut pas plustost auprés du Roy, que le sieur Mazarini vint pour sçauoir l'intention de sa Majesté: qui apres s'estre plaint du procedé que le Duc de Sauoye auoit gardé auec luy, ne fit aucune difficulté de promettre la restitution de Pignerol, & de tout ce qu'il tenoit des Estats dudit Duc, pour vn si grand bien que le repos de l'Italie, & de toute la Chrestienté.

Le Mareschal de Crequi, les sieurs de Bullion, de Chasteau-neuf, & Boutillier, furent nommez Commissaires, pour auec le sieur Mazarini, qui sçauoit l'intention des Ministres de l'Empereur, d'Espagne & du Duc de Sauoie, dresser les Articles ausquels toutes les parties peussent condescendre, & le peussent faire par raison.

Le Cardinal Baigny y trauailla conioinctement auec eux. Il en fut faict vn project si raisonnable, que le sieur Mazarini ne croyoit pas qu'il s'y peust trouuer difficulté. Il partit le seiziesme Iuin d'Annecy auec ce project, & promit d'en faire auoir responce quinze iours apres.

Nonobstant ces esperances & ces promesses, quarante iours se passerent sans qu'on eust aucune responce de sa part. Au bout de ce temps il reuint luy-mesme, pour dire, que depuis qu'il auoit veu le Roy, le Marquis de Spinola s'estoit embarqué au siege de Cazal, qu'il esperoit emporter en quarante iours: Qu'en vn mot, il ne faisoit point de responce sur les articles de la Paix, parce que Collalte, ledict Spinola, & le Duc de Sauoye n'auoient point voulu luy en rendre, mais qu'ils la luy promettoient dans peu de iours, ayant arresté qu'ils s'assembleroient à cet effect.

Que voyant leurs longueurs il estoit venu seulement pour tesmoigner qu'il n'auoit pas tenu à luy qu'il n'eust rapporté vne bonne resolution comme il auoit promis sur la parolle que luy en auoient donnée ceux qui la deuoient prendre. Qu'il auoit aussi desiré par ce second voyage s'esclaircir de quelques adoucissemens qu'il auoit penetré pouuoit grandement contenter les interessez, & faciliter la Paix.

Sa Majesté luy fit cognoistre, que les ennemis auoient tort d'vser de ces remises: Que c'estoit à son grand regret, que pour ne vouloir pas conclure vne Paix, ils l'auoient contraint d'entreprendre la conqueste de la Sauoye, & luy auoient donné assez de temps pour s'en rendre Maistre. Que l'heureuse issuë qu'il auoit eu de ce dessein ne l'empeschoit pas de desirer la Paix aux mesmes conditions qu'il auoit fait auparauant.

Pour luy faire voir l'effect de ses paroles, elle trouua bon qu'on luy donnast esclaircissemẽt & satisfaction sur ce qu'il desiroit. Il s'en retourna auec intention & esperance, selon qu'il tesmoigna, de rendre responce dans huict ou dix iours au plus tard. Cependant il demeura encore vn mois, durant lequel Mantoüe fut prise, & le siege de Cazal fut aduancé.

Au bout de ce mois il reuint dire, qu'il n'auoit peu encores tirer aucune responce, & que les interessez ne s'estoient pas encores assemblez; mais qu'ils le seroient dans six iours, & feroit sçauoir sans plus manquer vne derniere resolution trois iours apres leur entreueuë. Que ce troisiesme voyage ne seroit pas inutile, si on vouloit retrãcher du proiet: qu'on luy auoit donné certaines conditions qui desplaisoient à l'Empereur touchant l'interuention qu'on demandoit de diuers Princes pour la seureté de la Paix.

Afin que rien n'empeschast vn si bon œuure, au lieu qu'on desiroit auparauant vne Ligue de plusieurs Princes, obligez à maintenir Monsieur de Mantoüe en ses Estats, qui fussent caution de la Paix, ce qui sembloit interesser aucunement la dignité de l'Empereur; on se contenta qu'il luy pleust seulement conuier lesdits Princes à la defence du Duc de Mantoüe, lors qu'il en auroit besoin: Et l'Article en fut couché selon qu'on l'auoit tousiours desiré de sa part.

On repassa encores sur tout le Traicté, en sorte que ledit Mazarini ne iugeoit pas qu'on y peust trouuer à redire.

S'en estant retourné, il depescha le iour qu'il auoit promis, pour faire sçauoir qu'il ne pouuoit plus excuser les remises de ces Messieurs, qui ne s'estoient point assemblez.

Six iours apres le Comte Collalte arriua au lieu où estoit le Duc de Sauoye, & n'oublia pas à publier que la prise de Mãtoüe n'empescheroit pas la Paix, & que l'Empereur vouloit bien restituer ceste place. Mais Spinola ne vint pas, ains demeura au siege de Cazal, où le sieur Mazarini alla en diligence de la part du Duc de Sauoye, pour le presser d'entendre à la Paix, & luy faire cognoistre que ledit Duc estoit obligé de s'y porter, puis qu'on luy vouloit rendre son bien.

Spinola demanda, que pour la reputation de son Maistre on deposast la ville de Cazal entre ses mains, le sieur de Thoiras, & les autres François se retirans dans la Citadelle. Et afin qu'on ne creust pas qu'il eust autre dessein que sortir honorablement de ceste affaire, il proposa de donner son fils pour ostage, & seureté de la restitution qu'il feroit de la ville de Cazal, quinze iours apres qu'il l'auroit receuë. Pour faciliter son dessein, il promettoit aussi, qu'en mesme temps on rendroit la ville de Mantoüe au Duc, qui par ce moyen seroit asseuré de tous ses Estats.

Le Roy, qui n'a iamais eu autre but que le repos de l'Italie, & la conseruation des Estats du Duc de Mantoüe, voyãt que par ce moyen il viendroit à ses fins, accorda la proposition du Marquis Spinola, & enuoya pouuoir à ses Lieutenans generaux en Italie, d'entendre & conclure le Traicté proposé.

Comme le Marquis sceut qu'on ne s'esloignoit pas de ce qu'il auoit desiré, il dit que depuis auoir fait ceste ouuerture, le Roy Catholique luy auoit osté le pouuoir de faire la paix, & pour iustifier son dire monstra vne lettre d'Espagne qui portoit ces mots, *La esperiencia mostra que el haver vos facilitado tanto la paz, ha estorbado la effettuacion d'ella, y assi ordenamos y mandamos que oygais loque se os dira acerca d'ella, para darnos quenta de todo, sin concluir nada.*

Et au lieu de ceste proposition, qui asseuroit la paix, par le depos qu'on eust fait de la ville de Cazal entre ses mains, il veut qu'on luy remette ceste place, sans esperance de restitution ny apparẽce de paix. Il veut qu'on la luy remette pour ſa ſeule gloire ; ne pouuant ſouffrir que le Comte Collalto ayt ſurpris Mantoüe par ceux qui eſtoient ſoubs ſa charge contre toute ſorte d'apparence, & qu'en quatre mois il n'ait peu par force ſe rendre maiſtre de Cazal, qui auoit aſſeuré ne pouuoir reſiſter que quarante iours à ſes armes.

Ceſte propoſition fut iugée ſi deſraiſonnable, & ſi iniurieuſe par le Comte Collalto & le Duc de Sauoye, que pour euiter l'entiere rupture qu'elle deuoit produire, ils firent propoſer par Mazarini vne ſuſpenſion de huict iours, à la charge que les Armes du Roy ne paſſeroient point le Po du coſté du Milannois, & que les leur ne le paſſeroient point auſſi du coſté de la France, donnans eſperance que dans ce temps ils forceroient Spinola à ſe porter à la paix ; luy faiſant clairement entendre, que puis que l'Empereur, & ledit Duc, qui ſeuls eſtoient intereſſez en ceſte affaire, y trouuoient leur ſatisfaction, il n'eſtoit pas raiſonnable que les Eſpagnols, qui ne vouloient paroiſtre qu'auxiliaires en ceſte occaſion, empeſchaſſent vn ſi bon effect pour vne ialouſie : & que partant, s'il ne vouloit ſe porter à la Paix, ils la concluroient ſans luy.

Ceſte ouuerture fut acceptée par ceux qui commandoient les Armes du Roy en Piedmont.

Au bout de deux iours Mazarini les reuint trouuer, pour leur dire, que le Duc de Sauoye ne deſiroit plus ceſte ſuſpenſion, ſi on ne luy remettoit la ville & les retranchements de Veillanne que le Mareſchal de Schomberg auoit pris, & ſi pendant ladite ſuſpenſion on ne mettoit des viures dans le Chaſteau, pour autant de temps qu'elle dureroit ; à condition que ſi les affaires ne s'accommodoient dans huict iours, la place ſeroit remiſe entre les mains dudit ſieur Mareſchal.

Il vouloit encores, qu'on permiſt à ſon Armée de paſſer le Po vers la France, & que la noſtre ſe retiraſt dans certains lieux peſtiferez, où elle n'euſt ſçeu ſubſiſter, tant à cauſe des maladies, que par ce auſſi que tous les bleds en auoient eſté mangez.

On reſpondit, que bien qu'on ignoraſt les raiſons d'vn tel changement, on ſe retireroit volontiers de Veillanne, encores que le Chaſteau ne peuſt reſiſter plus de ſix iours aux armes du Roy, pourueu que l'Armée des ennemis se retirast pareillement de deuant Cazal, qu'on y mist des viures pour autant de temps que dureroit la suspension, & que le Duc de Sauoye donnast des asseurances valables, que dans la fin de ladite suspension il se ioindroit absolument aux Armes du Roy, si ses Colliguez n'acceptoient la Paix aux conditions, dont luy mesme demeureroit d'accord.

On adiousta, que le moyen d'interrompre, & non pas de faire vne suspension, estoit d'approcher les Armées de deux ou trois mil l'vne de l'autre, sans riuiere entre-deux, parce qu'il estoit difficile d'empescher en tel cas qu'elles vinssent aux mains : mais que ceste difficulté se surmonteroit aisement par le naturel des François, qui n'apprehendoient pas telles rencontres.

Mazarini s'en retourna auec ceste resolution, tesmoignant d'estre bien fasché du procedé des ennemis, qui s'excusoient les vns sur les autres, pour ne faire aucune responce; & qui en ce faisant ostoient tout moyen de traicter la paix, au grand desplaisir du Pape, qui desiroit passionnément voir les troubles de l'Italie heureusement pacifiez.

Deux iours apres il fit sçauoir, que le Comte Collalte n'auoit plus pouuoir de traicter la Paix : Qu'il auoit receu ordre de l'Empereur de ne conclure aucun Traicté, parce qu'il s'en estoit ouuert vn à Ratisbonne, entre les Ministres de l'Empereur, & le sieur de Leon Ambassadeur de France.

On respondit, que ledit Ambassadeur n'auoit eu iusques alors autre pouuoir, que de iustifier à l'Empereur, & à tous les Princes qui se trouueroient à la Diette, les bonnes intentions du Roy, & faire cognoistre que sa Majesté ne vouloit point s'enrichir des despoüilles d'autruy, ny augmenter ses Estats par la diminution de ceux des Princes d'Italie. Mazarini fit sçauoir en suite, qu'il estimoit à propos de penser à vne suspension generale qui asseurast Cazal & Veillanne tout ensemble. On ne refusa pas ceste ouuerture : mais bien desira-on en voir plus d'effect que des autres, qui toutes auoient esté vaines.

Au mesme temps arriua la prise du chasteau de Veillanne par le Mareschal de Schomberg, qui emporta ceste place d'importance en neuf iours : en suite dequoy on n'entendit

plus

plus parler de negotiation iusques au vingt-septiesme Aoust, où les ennemis desireux de rallentir le cours des Armes du Roy qui se preparoient au secours de Cazal, & de gaigner par art ce qu'ils craignoient ne pouuoir conquerir par force, demanderent de nouueau tresve de douze iours entre les Armées qui estoient en Piedmont, faisant esperer qu'elle en produiroit vne generale, qui suspendroit le siege de Cazal, & donneroit temps d'attendre des nouuelles d'Allemagne, où ils disoient que la Paix se deuoit conclure.

Les Generaux de l'Armée du Roy accorderent la tresve pour six iours, & consentirent qu'elle fust de douze, pourueu qu'elle fust suiuie de la generale, qui deuoit comprendre Cazal. Ainsi ils se porterent franchement à tout ce qui deuoit produire & faciliter vne bonne Paix; & euitent autant qu'ils peurent ce qui sembloit n'auoir autre fin que la perte de Cazal, par ruse & par tromperie.

Pendant la tresve de six iours arriuerent des lettres du sieur de Thoiras aux Lieutenans Generaux de l'Armée du Roy, qui portoient en termes exprés, que la peste estoit si grande dans la ville de Cazal, & les auoit reduits à vn si petit nombre d'habitans & de soldats, qu'ils estoient hors de moyen de pouuoir continuer leur garde, & la deffence de la place, dont il estoit contraint de quitter les dehors: Qu'il leur auoit desia escrit, qu'il n'auoit des viures que iusques au vingt-cinquiesme Septembre; mais qu'il craignoit bien d'en auoir de reste, tant on l'attaquoit viuement, les ennemis estans desia attachez au Bastion de la Citadelle: Qu'il les coniuroit de prendre leurs mesures sur ce pied; & finissoit l'vne de ses lettres, leur disant qu'il leur rescriuoit la larme à l'œil, & les asseuroit que Cazal estoit perdu & pris, s'ils ne prenoient vne prompte resolution de le secourir.

Au mesme temps Mazarini proposa vne tresve generale à des conditions fort dures, puis qu'elles obligeoient à remettre la ville & le Chasteau de Cazal entre les mains des ennemis; à condition, que si depuis le quinziesme Octobre, où la tresve finiroit, iusques au premier Nouembre, on pouuoit secourir la Citadelle en sorte, que l'Armée du Roy ne fut point empeschée par les forces d'Espagne de communiquer auec ceux qui estoient dedans, le Marquis Spinola rendroit la ville & le chasteau ; comme aussi si ladite Citadelle ne pouuoit estre secouruë, elle seroit remise entre ses mains.

Pour adoucir l'amertume de ces conditions, on asseure que, moyennant ceste suspension generale, la Paix se feroit infailliblement. Que le Prince de Piedmont ne desiroit la remise de la ville & du chasteau de Cazal, que pour auoir lieu de reduire les Espagnols à la Paix : & que pour le tesmoigner ledit Prince de Piedmont promettoit, que si dans la fin de la suspension la paix ne se concluoit, selon le projet qu'on luy auoit fait voir de la part du Roy, duquel il demeuroit d'accord, il se ioindroit aux Armes de sa Majesté pour le secours de Cazal.

Ces Messieurs voyant l'extremité où le sieur de Thoiras representoit Cazal, & l'asseurance qu'on donnoit pour le Prince de Piedmont, estimerent deuoir accepter la tresve proposée & poursuiuie par Mazarini : & de fait ils la consentirent sans attendre les Ordres du Roy sur se subiet, parce qu'ils ne iugeoient pas auoir le temps de le faire.

Pendant la tresve le Mareschal de Schomberg sollicita autant qu'il peut l'execution des paroles du Duc de Sauoye, qui l'obligeoient formellement, ou à faire conclure la Paix, ou à se tourner du costé du Roy : mais il ne peut auoir aucun effect de l'vn ny de l'autre.

Il fut fait diuers voyages vers ledit Mareschal, pour luy persuader par plusieurs raisons, que l'adionction du Prince de Piedmont estoit inutile aux Armes de sa Majesté en l'estat auquel il estoit. Mais il fit clairement cognoistre à celuy qui auoit ce dessein, que ses raisons ne pouuoient estre bonnes, puis qu'elles n'auoient autre fin que d'excuser le Duc de l'execution de ses paroles, dont luy-mesme auoit esté porteur.

Mazarini proposa en suite audit Mareschal d'apporter du changement à quelques Articles de la paix : dont il ne s'esloigna pas, pourueu qu'on ne touchast pas à la substance des essentiels.

Vne autre fois il luy dit, que le pouuoir qu'auoit le

Comte de Collalte de traicter la Paix, auoit esté reuoqué de nouueau, sur ce que le sieur de Leon consentoit à des conditions plus auantageuses que celles qui estoient proposées en Italie.

Le Mareschal respondit, que cela ne pouuoit estre, que le sieur de Leon, qui n'estoit allé en Allemagne que pour faire voir clairement la Iustice du procedé du Roy aux affaires d'Italie, auoit bien consenty, par la priere des Electeurs, à entrer en negotiation, & voir si suiuant les asseurances qu'on luy en donnoit, la Paix se pourroit conclure de-là, aux mesmes conditions qui estoient proposées en Italie : Que le Roy luy en auoit enuoyé pouuoir depuis son arriuée à Ratisbonne, sur ce qu'il auoit escrit à sa Majesté, que tout le College des Electeurs le desiroient ainsi passionnément : mais que ceste negotiation n'empeschoit pas celle qui se faisoit en Italie ; au contraire, qu'il auoit aduis dudit sieur de Leon, que le pouuoir de Collalte estoit continué : & que les Ministres de l'Empereur luy auoient fait entendre, que si le Traicté qui estoit commencé en Italie, se paracheuoit, il auroit lieu au preiudice de celuy d'Allemagne, quand mesmes ils seroient tous deux conclus en mesme iour.

Ces veritez & ces raisons estans inutiles, il n'y eut plus lieu de doubter, que les ennemis n'eussent mis en auant tout ce qu'ils auoient dit pour gaigner temps, & attendre les pluyes de l'Automne, beaucoup plus puissantes pour empescher le secours de Cazal, que l'effort de leurs armes.

On fut du tout esclaircy de leur dessein, lors que les depesches du sieur de Leon apprirent, qu'apres les grandes esperances qu'on luy auoit données en Allemagne de venir en vn bon Traicté, on luy proposoit des conditions si desraisonnables & si iniustes, qu'il n'estoit pas possible de les entendre sans estre touché d'vne iuste indignation.

Au lieu qu'on auoit tousiours esté d'accord, qu'en signant vn Traicté de Paix l'inuestiture seroit actuellement donnée au Duc de Mantoüe ; l'Empereur ne veut plus en vser ainsi, mais bien la promettre seulement : & que les parties interessées, le Duc de Sauoye, la Duchesse de Loraine, & le Duc de Guastale, iouïssent actuellement de la part qu'il luy plaira leur donner sur les biens du Duc de Mantoüe, auant que ladite inuestiture luy soit deliurée. Ce qui seroit vn honneste moyen de despoüiller actuellement ledit Duc de Mantoüe d'vne partie de ses Estats, soubs le tiltre d'vn accord, & le tenir priué du reste tant que bon sembleroit à ses ennemis, qui ne manquent pas d'inuentions & de subtilitez pour embarasser les affaires.

L Empereur veut iuger lesdits partages ainsi qu'il luy plaira : comme si le Traicté fait entre le Roy & le Duc de Sauoye, pour le subiect de ce que doit auoir ledit Duc au Montferrat, ne doit plus auoir de lieu, bien que ses Ministres en Italie en soient tousiours demeurez d'accord.

Il veut non seulement donner plus au Duc de Sauoye, que ce dont il est conuenu luy-mesme, pour l'obliger aux despens d'autruy: Mais en outre il pretend que ses Ministres en Italie auront le pouuoir de decider la nomination & eualuation des lieux qui doiuent estre donnez audit Duc. Ce qui ne se peut, non seulement sans faire tort au Roy, au Iugement duquel les Ducs de Sauoye & de Mantoüe se sont soubsmis par Traicté autentiquement passé : mais en outre, sans mettre ceste affaire en estat de n'en voir iamais la fin.

On fait interuenir vn Agent de la Duchesse de Loraine, qui declare ouuertement que son Altesse ne veut plus que ses pretensions soient iugées par l'Imperatrice, & la Reyne Mere du Roy, sœurs & tante de ladite Duchesse. Il fait semblant de s'en vouloir remettre aux Electeurs de Mayence & de Treve. Mais ces deux Princes iugeans que l'Imperatrice & la Reyne doiuent decider ce different, il refuse d'acquiescer à leur aduis.

Les pretensions du Duc de Guastale, qu'on a tousiours estimé deuoir estre eualuées en argent, sont demandées en terres. Et bien qu'on n'aye iamais pretendu plus de cent mil escus vne fois payé, on veut quatre fois dauantage, & ce en lieux qui demembrent le Duché de Mantoüe, qu'on sçait assez estre fort petit de soymesme.

On veut razer la Citadelle de Cazal, & qu'en restituant Mantouë à son Seigneur naturel, le Fort de Porte, qui en est la Citadelle, demeure entre les mains de l'Empereur.

On propose encore de retenir quelques autres places dans le Mantoüan, pour seureté des droicts de la Duchesse de Lorraine. Ce qui monstre bien qu'on ne veut restablir ce pauure Prince qu'en apparence, & qu'en effect on veut demeurer maistre de ses Estats.

On ne veut pas employer dans le Traicté de Paix aucun Article qui concerne la reparation des contrauentions faites au Traicté de Monçon, bien que ceux qui traittent en Italie n'en ayent iamais fait de difficulté. Le sieur de Leon fait entendre aux Ministres de l'Empereur, que les Espagnols ne peuuent auoir ceste pretension auec raison, veu que le Traicté de Monçon auoit esté fait auec eux, & qu'ils estoiēt autheurs des contrauentions qui y estoient arriuees. Sur cela on dit ouuertement, que les Espagnols ne veulent pas interuenir au Traicté qui se fera. Chose du tout iniuste, puis que par ce moyen on nous lieroit à tout ce qui leur seroit aduantageux, sans qu'ils le fussent à aucune chose; & que l'Empereur pourroit, quand bon luy sembleroit, rompre par eux, ou sous leur nom, le Traitté qui auroit esté fait, sans qu'apparemment nous eussions lieu de nous en plaindre.

Pour comble de rigueur vers le Duc de Mantouë, l'Empereur ne veut plus s'obliger par le Traitté de ne rien entreprendre contre luy, ains à l'assister & proteger à l'aduenir, enuers & contre tous. Le pretexte qu'on prend est, qu'il n'est pas de la dignité de l'Empereur, de s'obliger enuers vn autre Prince pour la seureté de son Vassal. Le sieur de Leon represente que cette excuse n'est pas receuable, puis qu'il y a cent exemples pareils en diuers Traittez, & que par cette voye l'Empereur declareroit plustost sa volonté, qu'il ne s'obligeroit enuers vn autre. Il met en auant que le Comte Collalte n'a iamais fait difficulté en cet Article: Mais toutes ces raisons sont inutiles.

On vient iusques à ce poinct, que de pretendre par diuers moyens collorez, porter le Roy à abandonner ses Alliez. On le propose, ou pour en auoir l'effect, au preiudice de la reputation d'vn si grand Prince, ou pour tirer profit des faufses apparences qu'on a dessein d'en faire paroistre au preiudice des affaires de sa Majesté, qui ne voudroit, pour quelque consideration que ce peust estre, manquer à ce qu'il doit à ses anciennes Alliances.

Quelque proposition qu'on fasse vn iour, le lendemain on en met d'autres en auant.

Les Ministres de l'Empereur disent à vne heure qu'il veut absolument la Paix, mais qu'il en est empesché; parce que l'Ambassadeur d'Espagne n'a aucun pouuoir d'y entendre. A vn autre ils font esperer, que nonobstant le manque de pouuoir d'Espagne, l'Empereur ne lairra pas de conclure vn Traitté pour ce qui le regarde.

Apres qu'on a conceu ceste esperance, nouuelles difficultez interuiennent sous le nom de quelqu'vne des parties interessees, sur lesquelles on tesmoigne estre obligé de faire consideration. Ainsi il se trouue tousiours quelque nouueau sujet pour collorer les remises dont on vse.

Le sieur de Leon represente, qu'en desniant des conditions si raisonnables, comme sont celles qu'il met en auant de la part de son Maistre, ce n'est pas auoir dessein de Paix, mais bien en vouloir seulement parler, pour gagner temps, comme il est dit cy-dessus; ou tout au plus pour faire vn Traitté capable de nous exposer au mespris de tout le monde, & engendrer de nouuelles guerres plus irreconciliables que celle dont on vouloit sortir. Mais toutes ces raisons ne produisent aucun fruict.

Au mesme temps qu'on agit ainsi en Allemagne, on ne procede pas plus modestement en Espagne. Le Comte d'Oliuarez dit en termes exprez au sieur de Barraut Ambassadeur du Roy, qu'il ne falloit point esperer la Paix que Cazal ne fust entre les mains de son Maistre, & que ceste negociation estoit trop importante pour estre concluë en autre lieu qu'en son Palais. Ainsi le temps de la treve s'escoule en propositions vaines & inutiles.

Le Roy ayant cognoissance de ce qui s'estoit passé, lassé d'vne telle procedure, mande au sieur de Leon qu'il s'en reuienne, & se resoud de laisser tenter à ses armes qui sont en Italie le secours de Cazal, bien qu'il se fust rendu beaucoup plus difficile, qu'il n'estoit auparauant qu'on eust deliuré la ville & le Chasteau, sur les asseurances que le Prince de Piémont auoit donnees.

Ledit Prince n'a pas plustost cognoissance de cette resolution, qu'il tasche par nouuelles propositions d'en detourner l'effect.

Il fait interuenir Madame, qui à sa suscitation demande la prolongation de la treve pour huict iours. Ce qui ne pouuoit auoir autre fin que l'attente du mauuais temps, & des troupes qui commençoient à entrer d'Alemagne en Italie.

Il fait ouuerture en grand secret de se rendre neutre, & faire sortir toutes les troupes & les ennemis de ses Estats, moyennant que par ce moyen on luy rende ce que le Roy y a conquis.

Le Mareschal de Schomberg luy respond, qu'en ce marché le Roy perdroit non seulement ce qu'il tenoit de ses Estats; mais en outre cet aduantage, que n'estant pas neutre les ennemis sont obligez de diuiser leurs forces pour en laisser vne partie pour garder ces places: au lieu que si elles estoient asseurees par la neutralité, ils ioindroient toutes leurs troupes ensemble, pour s'opposer plus puissamment au secours de Cazal.

Sur se suiect il le conuie de satisfaire à ses promesses, & l'asseure de la restitution de ses Estats.

Il demeure en balance, sans qu'on puisse iuger d'abord pour quelle cause: mais peu de temps le fait cognoistre clairement.

Il attendoit la conclusion d'vn Traité qui se faisoit en Alemagne, auquel il sçauoit bien qu'il trouueroit son compte, & en effect le 20. Octobre on receut vne depesche du sieur Leon, qui donnoit aduis que le 13. dudit mois il auoit signé des Articles de Paix. Ce nom de Paix resiouït vn chacun, & iamais nouuelle ne fut mieux receuë generalement de tout le monde; mais l'ouuerture des paquets conuertit la ioye qu'on auoit prise en tristesse, en l'esprit de ceux qui en eurent cognoissance. La lecture du Traicté faisant cognoistre, que ledit sieur de Leon n'auoit en aucune façon suiuy ses ordres. Qu'il auoit notablement excedé son pouuoir en diuers poincts, dont il auoit traité sans charge: Que les termes du Traicté ne correspondoient pas à la dignité de ceux qui auoient esté autrefois passez entre l'Empereur & la France: Qu'il y auoit tant d'obscuritez & de circonstances si mal digerees, que si les ennemis le vouloient expliquer de mauuaise foy, les interests de nos alliez ne s'y trouueroient pas soustenus selon les iustes intentiõs du Roy, & l'execution en seroit impossible. Ce qui seroit capable d'engendrer de perilleuses guerres, au lieu de produire vne vraye Paix necessaire à toute la Chrestienté.

Les fautes de ce Traicté estoient si grossieres, que le sieur de Leon l'enuoyant au Roy, l'accompagna non de raisons pour les soustenir & les deffendre, mais pour les excuser.

Les motifs qui le porterent à les commettre, furent l'extremité en laquelle il sceut qu'estoit la personne du Roy; les diuisions qu'on luy mandoit estre dans la Cour, & la creance qu'il auoit que la perte de Cazal estoit ineuitable. Ces considerations firent qu'il se laissa aller d'autant plus aysement à condescendre aux solicitations extraordinaires, que les Electeurs luy faisoient de consentir la Paix; que signant ce Traicté sans en auoir vn pouuoir valable, il iugeoit que si les raisons qui l'auoient obligé à le conclure n'auoient point de lieu, sa Majesté ne seroit point abstreinte à l'obseruation de ce qu'il auroit fait sans pouuoir & sans ordre.

Pour cet effect en passant les Articles de la Paix il protesta qu'il excedoit son pouuoir, & que le Roy ne seroit point blasmé s'il le desauoüoit, veu qu'il agissoit contre ses ordres.

Le Traicté ayant esté examiné & les motifs d'iceluy bien considerez au Conseil du Roy, on estima qu'il falloit par necessité se resoudre à l'vn de trois aduis.

Le premier, estoit d'accepter le Traicté tel qu'il estoit, quoy que tres-preiudiciable.

Le second, de le declarer nul sur le champ.

Le troisiesme, de ne faire ny l'vn ny l'autre, mais laisser aller le cours des armes du Roy en Italie, & donner ordre au sieur de Leon de tascher à reparer sa faute, portant l'Empereur à vne iuste explication du Traicté qui le rendist excusable.

Ce dernier aduis estant auec raison estimé le meilleur, on

depescha

depescha conformément audit sieur de Leon le 26. Octobre on luy donna charge particuliere de representer à l'Empereur & aux Electeurs, qu'ils ne pouuoient trouuer estrange, si le Roy n'approuuoit pas ce qui s'estoit fait à Ratisbonne, puis qu'en le signant ledit sieur de Leon les auoit aduertis qu'il outrepassoit ses ordres & son pouuoir: Que celuy qu'il leur auoit monstré, & dont ils auoient copie authentique, iustifioit son dire, veu qu'il n'estoit special que pour les affaires d'Italie; & que le Traicté de Ratisbonne contenoit plusieurs autres choses qui n'auoient rien de commun auec icelles: Qu'il suffisoit en matiere de telles affaires, que le Traitté fust nul en vn poinct pour l'estre en tout.

Il eut ordre d'adiouster en suite, que nonobstant toutes ces nullitez le Roy estoit si desireux de la Paix, qu'il consentiroit tres-volontiers à l'execution de ce qui auoit esté concerté sur le fait de l'Italie, selon le vray sens qu'on y deuoit donner de bonne foy; & dont sa Majesté desiroit esclaircissement particulier auec d'autant plus de raison, qu'vne lettre interceptée de Galasse à Aldringuer portoit en termes exprez, qu'ayant veu le Traitté de Ratisbonne il voioit bien qu'il leur faudroit garder pour iamais les Forts & les passages des Grisons. Ce qui faisoit clairement cognoistre, qu'au lieu de bien vser de ce Traité on en vouloit abuser, au preiudice de la reputation de la France, & à la ruine entiere de ses alliez.

Comme on estoit en apprehension, que la nouuelle de ce mauuais Traicté estant portee aux Lieutenans Generaux de l'armee du Roy en Italie, arrestast le cours du voyage qu'ils auoient entrepris pour le secours de Cazal: on receut vne depesche de leur part, par laquelle ils donnoient aduis de la reception qu'ils auoient faite dudit Traicté, auquel ils escriuoient auoir trouué des choses si contraires à celles qui leur auoient esté promises par celuy de la suspension, qui auoit esté faicte à Riualte le 4. Septembre entr'eux & les Ministres de l'Empereur & du Roy d'Espagne, qu'ils n'auoient pas iugé deuoir se diuertir du dessein du secours de Cazal, auquel ils s'estoient desia acheminez. Ils se fondoient principalement en vne raison qui touchera les sens des plus grossiers. Elle consistoit en ce que le Traicté de Riualte portoit en termes exprez, que si la Paix se faisoit dans le 15. Octobre on leur remettroit incontinent la ville & le Chasteau de Cazal entre les mains; ce dont ils demandoient l'execution auec d'autant plus de fondement, que le Traicté de Ratisbonne n'estant point fait auec les Espagnols, il n'estoit aucunement raisonnable qu'ils demeurassent en possession de ce depos plus long temps qu'il n'estoit porté par les conuentions faites auec eux. Ils declarerent au mesme temps, qu'encores qu'ils deussent attendre les ordres du Roy sur ce Traicté qui leur estoit incogneu, & auquel ils recognoissoient beaucoup de choses contraires aux iustes intentions du Roy, ils estoient prés d'accepter la Paix auec les armes de l'Empereur & du Duc de Sauoye, qui aussi bien ne pouuoient s'opposer au secours de Cazal sans violer leur foy, veu les promesses qu'ils en auoient faites par le Traicté de Riualte.

Les Espagnols escoutoient ces propositions sans les accepter, parce que les armes du Roy estoient encores trop esloignees des murailles de Cazal, & consentirent seulement que le sieur Mazarini vint trouuer les Lieutenans Generaux de l'Armee du Roy, qui estoient lors à Roquesinalere, pour leur offrir de nouuelles conditions d'accommodement si peu raisonnables, qu'ils ne peurent y entendre. Mais en fin il proposa qu'il pourroit porter les Espagnols à sortir de la ville & Chasteau de Cazal: pourueu que les François quittassent aussi en mesme temps la Citadelle. A quoy il fut respondu, que si en outre les Espagnols vouloient sortir des places fortes qu'ils tenoient au Montferrat & de tout le pays, ils y consentiroient, & ne passeroient pas outre auec les troupes de sa Majesté; mais que s'ils n'acceptoient ce party, ils continueroient leur voyage.

Pendant ces allees & venuës les ennemis ne perdirent pas temps, se retrenchant & trauaillant en telle diligence, qu'ils firent en dix iours vne circonuallation de six mil de tour fort bien acheuee.

Le 26. Octobre l'armee du Roy partant d'Oximiane arriua à la veuë de Cazal; & Mazarini vint trouuer les Lieutenans Generaux vne heure auparauant, pour leur dire que les Espagnols ne vouloiēt en façon quelcōque entendre à la derniere proposition qu'il leur auoit faite : mais que si l'on vouloit prendre quelques autres expediens, il esperoit les y pouuoir porter. Il representa la grande force des ennemis, la resolution, auec laquelle ils nous attendoient, & le bon estat de leurs retranchemens. A quoy on ne fit autre responce, sinon qu'il n'estoit plus temps de parler mais de faire, & qu'il falloit que le different se terminast par les armes & non plus par negotiations. Surquoy ledit Mazarini prit congé, & apres auoir bien consideré nostre armee s'en retourna en celle des ennemis.

Cependant on commençoit à mettre nostre armee en bataille au delà de la Gatola, qui est vne espece de Torrent qui ne se passe que sur de petits ponts & en peu d'autres passages. Les ordres estans pris dans la plaine entre Fressinet & Cazal, on fit la priere generale, & puis on commença à marcher droict aux retrenchemens des ennemis, auec tout l'ordre & la resolution que l'on eust peu desirer. Comme l'on n'estoit qu'à cinq ou six cens pas desdicts retrenchemens, on en veid sortir Mazarini au galop qui vint trouuer le Mareschal de Schõberg, lequel estoit en son iour de cõmander l'armee, & luy dit qu'il s'estoit trouué parmy les Espagnols des esprits plus raisonnables que les autres ; & qu'en fin ils s'estoient resolus de consentir par raison à ce qu'on vouloit auoir de force, & qu'ils estoient prests d'accepter le party qu'il auoit proposé & auquel nous auions consenty, qui estoit de rendre la ville & Chasteau de Cazal que l'on leur auoit deposee; sortir de Pont-Desture, Rozignan, Nice de la Paille, Roqueuignara, Ponçon, Aqui, & de tout le Montferrat : pourueu que nous trouuassions bon, qu'au lieu de mettre les places entre les mains de Monsieur du Maine, ce qu'ils ne pouuoient faire auec la dignité de l'Empereur, qu'apres que son pere auroit receu l'inuestiture. Il fut dit qu'ils les rendroient entre les mains d'vn Commissaire Imperial, lequel remettroit en mesme temps lesdictes places en celles de mondit sieur du Mayne ou de ceux qu'il voudroit nommer : Que ledict Commissaire Imperial n'entreroit dans Cazal qu'auec son train, n'y demeureroit que iusques au vingt-troisiesme Nouembre, que l'inuestiture auoit esté promise à Ratisbonne au Duc de Mantouë, & ne se messeroit durant ce temps-là, d'autre chose que de donner le mot.

Les Mareschaux de la Force, de Schomberg & Marillac sçachans que le Roy n'auoit autre intention que de restablir le Duc de Mantouë & la Paix de l'Italie, consentirent à la retraite & aux propositions des Espagnols faites par Mazarini, & empescherent (non sans peine) que l'armee du Roy ne passast outre.

Le vingt-huictiesme les Espagnols sortirent de la ville & Chasteau de Cazal, & les François de la Citadelle.

Dés le vingt-septiesme, de matin, les Mareschaux de France receurent vne depesche du Roy, qui leur faisoit cognoistre la mauuaise satisfaction qu'il auoit du sieur de Leon, & leur prescriuoit d'attendre son ordre auant que de tesmoigner aucun sentiment sur le suiect du Traicté qu'il auoit signé à Ratisbonne.

Quatre iours apres ils receurent ordre precis de voir si les ennemis vouloient entendre de bonne foy à la Paix : & en ce cas, sans entrer en l'approbation generale dudit Traicté, trauailler soigneusement à l'execution de ce qui estoit necessaire à ce que les Ducs de Sauoye & de Mantouë fussent reellement restablis en leurs Estats.

Ayant cet ordre ils se disposerent à continuer l'execution de ce qui estoit conuenu entr'eux, les Imperiaux & Espagnols, qui consistoit à faire sortir toutes les armées du Montferrat, & pareillement lesdits Espagnols des places qu'ils y tenoient : à quoy ils apportoient de la longueur sous pretexte de n'auoir peu retirer les Munitions de guerre & de bouche qu'ils auoient en ces lieux-là.

Les François procedans de bonne foy separerent leur Armee en deux, en renuoyant vne partie par le chemin qu'elle estoit venuë, & auec l'autre les Lieutenans Generaux passerent le Po soubs Cazal, & allerent loger à Riuedelboscq : & comme ils estoient en resolution de continuer leur chemin vers la France, ils sceurent que tant s'en faut, que les Espagnols fussent sortis des places du Montferrat; qu'au contraire leur armee, qui deuoit se retirer dans le Milannois, s'approchoit de Cazal, & auoit pris les logemens dans les quartiers que les François auoient laissez en se retirant de ceste place.

Ceste mauuaise foy, qui fut telle, qu'il se passa dix iours sans que les Espagnols voulussent executer ce à quoy ils estoient obligez, fit resoudre les nostres à renuoyer trois Regimens François dans Cazal, soubs la conduite du Mareschal de Marillac.

Aussi-tost qu'il fut arriué il rendit raison de ce changement en presence de Monsieur le Nonce, du Commissaire Imperial, de l'Ambassadeur de Venise, celuy de Sauoye, & Monsieur du Mayne: & declara hautement, que ce qui s'estoit fait, n'estoit point pour rompre le Traicté, & qu'il estoit prest de l'executer aussi-tost que les Espagnols & Alemands auroient satisfait à leur obligation. En sorte que le Commissaire Imperial mesme recogneut que les Espagnols ayans manqué à ce qu'ils auoient promis, les François ne pouuoient estre blasmez d'estre reuenus dans Cazal, veu qu'il estoit raisonnable que chacun executast en mesme temps ce à quoy on estoit obligé.

Les aduantages que le Commissaire Imperial prenoit dans Cazal, au preiudice de ce qui auoit esté arresté, comme de faire faire le serment pour l'Empereur aux gens de guerre qui y estoient demeurez, s'estre saisi du chasteau, & s'estre logé dedans, vouloir que personne n'entrast & ne sortist hors de la ville sans son passeport, obliger tous les gens de guerre à prendre patentes de luy, auoir ietté, soubs pretexte de domestiques, des gens de main & de seruice dans le chasteau, rendoient ce changement du tout necessaire.

Les choses s'estans ainsi conduites auec toute sorte de douceur, les Mareschaux de France qui marchoient, comme il est dit cy-dessus, auec partie de l'armée du costé de Liuourne & Bianzay, furent aduertis, que l'armée ennemie s'en venoit droit à eux pour les charger. Ils se trouuerent aussi estonnez de ceste mauuaise foy, qu'ils le furent peu du peril où ils pouuoient estre. Ils mirent leurs gens en bataille, qui n'estoiét qu'au nombre de sept mil hommes de pied, & mil cheuaux, & attendirent les ennemis tout le iour entre ledit Liuourne & sainct-Anthonin; & sur le soir allerent loger à Salugge qui est sur le bord de la Doüere-balte, n'ayãt pas voulu passer la riuiere, afin de voir si les ennemis viendroient le lendemain à eux. Le mesme soir Mazarini reuint pour faire instance, que lon voulust faire sortir les François de Cazal, protestant qu'autrement l'on tomberoit en rupture. A quoy il fut respondu, que comme on ne le desiroit pas, on ne le craignoit pas aussi: Que les François ne sortiroient iamais de Cazal, que les Espagnols executant le Traicté du vingt-sixiesme Octobre, ne quitassent les places du Montferrat, & les armées ennemies ne sortissent en mesme temps de tout le pays. Que pour monstrer que l'on ne craignoit pas les menaces des ennemis, l'on les auoit attendus ce iour-là, sans vouloir passer la riuiere, & que l'on seroit encores le lendemain en bataille au deuant du quartier, pour voir s'ils auoient enuie d'en venir aux mains. Le iour estant passé sans que les ennemis parussent, les Lieutenans Generaux resolurent de passer ladite riuiere; & estant au delà, il parut enuiron deux cens Crauates, & autres deux cens Cheuaux, qui vindrent donner dans le quartier de Salugge qu'ils auoient laissé, dont quelques-vns s'auancerent sur le bord de la riuiere.

Le lendemain les ennemis s'estans retirez, l'armée du Roy s'auança vers Turin, à Folliso, où elle sejourna quelques iours, pour auoir lieu de faire ietter dans Cazal cinq ou six mil charges de bled, soit du consentement des Espagnols, soit de celuy seul du Duc de Sauoye, soit contre le gré des vns & des autres.

Auec le consentement des Espagnols il ne s'y pouuoit trouuer de difficulté.

Sans iceluy, auec l'assistance du Duc qui faisoit fournir des batteaux, les difficultez estoient surmontables, sans que l'armée du Roy s'auançast de nouueau vers Cazal.

Si le Duc s'y fust opposé conioinctement auec les Imperiaux & Espagnols, il eust fallu que l'armée eust marché de nouueau.

Les Espagnols au commencement prirent resolution de s'opposer à ce rauituaillement: & pour cet effect mirent forces gens de guerre à Pont-d'Esture, en firent passer au delà du Po, trauerserent la riuiere de trois pallissades de Paux, &

la couurirent de quantité de barques remplies de gens de guerre. Les nostres au contraire chargerent diuers batteaux de bleds, & embarquerent quatre cens hommes en diuers autres, se resoluans de tenter le passage.

Cet embarquement estant fait & commis à la conduite de huict ou dix Capitaines de gens de pied, ils eurent ordre de partir le vingt-sixiesme à huict heures du soir. Mais en s'embarquant ils trouuerent qu'vne de leurs fregates faisoit eau : de sorte qu'ils furent contraints d'y trauailler, & remirent leur partement à deux heures apres minuict. Il semble que Dieu permit ceste remise, pour empescher la perte de beaucoup de gens : car sur les dix heures du soir ledit Mazarini vint passer au port de Cressentin, où se faisoit l'embarquement, & dit que les choses estoient accommodées, & qu'il venoit trouuer les Lieutenans generaux pour leur donner tout contentement, tant de la sortie des Espagnols, que pour l'entrée des bleds dans Cazal.

Les Mareschaux de France, qui n'auoient autre but qu'vne bonne & solide paix, consentirent le vingt-septiesme Nouembre à ceste proposition, qui fut effectuée le trentiesme dudit mois : En sorte que les Espagnols furent hors de tout le Montferrat, trois mil charges de bled furent mises dans Cazal, & les François sortirent de ceste place, où il demeura seulement quinze cens Montferrains.

Toutes choses ainsi executées de part & d'autre, le Mareschal de Schomberg fit repasser en France la pluspart des trouppes du Roy, laissant seulement dix mil hommes de pied en Italie, & vingt Cornettes de caualerie.

Monsieur du Mayne sçachant qu'on licencioit vn Regiment de Suisses, en prit le debris à la solde de son pere, & en retira par ce moyen iusques à quatre cens dans Cazal, dont depuis il les a fait sortir, mettant des Montferrains en leur place. Il fut si bien pourueu à la subsistence des troupes qui demeurerent soubs le seul commandement du Mareschal de la Force, que ledit sieur Mareschal de Schomberg partant de Piedmont laissa fond entre les mains du Tresorier pour les faire subsister iusques à la fin de Feurier : & bien qu'il eust esté presque impossible de faire voiturer des bleds de France en Italie, tant à cause de la difficulté naturelle que causent les montagnes, qu'à cause de la peste & disette des bleds, qui a esté presque generale ceste année. La preuoyance & la puissance du Roy a esté telle, qu'encores qu'il y ait eu long temps plus de cinq cẽs drapeaux dans le Piedmont, & prez de quatre mil cheuaux, lors que l'armée est repassée en France; il y auoit és magazins du Roy pour nourrir plus de trois mois vn si grand Corps.

Voylà la fidelle relation de ce qui s'est passé en Italie en toute l'année mil six cens trente, que la guerre y a tousiours esté, quoy que la France ait fait l'impossible pour auoir la paix.

Pour paruenir à ceste heureuse fin, le Roy ayant sçeu par le sieur de Leon, que sur la depesche que sa Maiesté luy auoit faite le vingt-sixiesme Octobre, pour responce à l'aduis qu'il luy donnoit du Traicté qu'il auoit passé à Ratisbonne, l'Empereur demeuroit d'accord de la vraye explication qui deuoit estre donnée à ce qui y auoit esté concerté sur le fait particulier de l'Italie. Sa Majesté luy enuoya ordre, quoy qu'il fust desia de retour en France, de retourner à Vienne, pour faire entendre à sa Majesté Imperiale, qu'il ne desiroit rien dauantage que de venir à vne prompte execution de ce qui estoit necessaire à ceste fin; & que pour luy il remettroit tres-volontiers tout ce qu'il tenoit des Estats du Duc de Sauoye, pourueu que l'inuestiture des Duchez de Mantoüe & Montferrat fust deliurée, & qu'on restituast en mesme iour Mantoüe, & les passages & forts des Grisons.

Au mesme temps le Mareschal de la Force ayant demandé congé de s'en reuenir en France, sa Majesté enuoye le Mareschal de Thoiras, & le sieur Seruien, pour executer ce qui estoit necessaire pour la paix. Par là les aueugles verront s'il se peut proceder plus sincerement pour la conseruation des alliez de la France, & le repos de l'Italie, & de toute la Chrestienté.

Lors que la paix sera faite, ils iugeront à qui la gloire en sera deuë: si par malheur elle n'arriue pas, ils cognoistront qui en sera la cause.

Il n'y a personne qui ne soit capable de cognoistre combien le procedé du Roy a esté iuste & glorieux.

La succession des Duchez de Mantoüe & Montferrat n'est

n'est pas plustost arriuée au Duc de Neuers, que les Espagnols l'en veulent despoüiller sans autre droict que celuy de bien-seance, par ce que lesdites Duchez sont contiguës aux Estats qu'ils tiennent en Italie.

Le Duc de Mantoüe se pouruoit vers l'Empereur, luy demande, ainsi qu'il estoit obligé, l'inuestiture de la succession qui luy est escheuë. La vertu de l'Imperatrice fauorise la iustice de sa cause, & sollicite l'Empereur de luy accorder sa demande. Sa Majesté Imperiale veut faire de son propre mouuement ce que la raison & le Duc de Mantoüe requierent conioinctement : mais les artifices des Partisans d Espagne detournent les effects de son equité.

Les Espagnols entrent à main armée dans le Montferrat. Les Imperiaux font le mesme dans le Mantoüan. Le Roy interuient par prieres, pour arrester le cours de leurs armes. Ses negotiations sont mesprisées, & lors il est contraint d'en venir à la force. Sa reputation, & l'interest de ses alliez l'obligent d'en vser ainsi.

La Republique de Venise entreprend d'assister le Duc de Mantoüe, qui est en son voysinage, & le Roy de le secourir au Montferrat, pays esloigné de ses Estats, moyennant le libre passage que le Duc de Sauoye luy doit donner.

Le Duc au mespris des Traictez passez auec la France, s'oppose aux Armes de sa Majesté.

Elles se font passage, & aussi tost que leur puissance paroist en Italie, sa Majesté se soubsmet à des conditions d'vne bonne & honorable Paix. Quelques auantages qu'il ait, il ne desire autre chose que de voir le Duc de Mantoüe paisible possesseur de ses Estats.

Les asseurances qu'on en a données dés le commencement à Monsieur le Legat, le iustifient; & les proiets de Paix que le sieur Mazarini en a receu de sa part, le font voir clairement.

Pignerol ne fut pas plustost pris, que les ennemis ne publiassent ouuertement, que pourueu qu'on leur restituast, rien n'empescheroit la Paix. Sa Majesté l'a tousiours voulu, sans pouuoir auoir aucun effect de leurs paroles.

Spinola a dit plusieurs fois aux Ministres du Pape, que quand il auroit pris Cazal la Paix ne lerroit pas de se faire, pourueu que la France ne voulust retenir aucun pied en Italie. Et iamais il n'a veu la France se reduire à ce point, qu'il ne se soit esloigné de la Paix.

Collalte a tousiours fait cognoistre, que la prise de Mantoüe faciliteroit plustost la Paix, que l'empescher, veu que par ce moyen la reputation de l'Empereur estoit à couuert : & cependant depuis la perte de ceste place il n'y a pas voulu entendre.

Le Duc de Sauoye a tousiours promis, que moyennant la restitution de ses Estats la Paix estoit indubitable. On n'a iamais esté vn seul moment sans vouloir luy rendre ce qu'il desiroit, & la Paix ne s'en est pas ensuiuie.

Ce Prince se trompe par les esperances qu'on luy laisse prendre, qu'il aura le Montferrat, si la guerre dure. On luy represente tout ce qui le deuoit destourner de telle pensée : mais les iustes considerations qui deuoient tout pouuoir sur luy, ne peurent le destacher d'vn party où son Pere l'auoit embarqué contre ses interests, & peut-estre contre ses sentimens propres.

La prise de Mantoüe si extraordinaire, qu'il est mesme impossible de la conceuoir apres qu'elle est arriuée, comblant les Imperiaux d'orgueil, Spinola de ialousie, & le Prince de Piedmont d'estonnement d'vne part, & d'esperance de l'autre, est la principale cause de la continuation de la guerre.

Les diuerses impressions que les ennemis ont prises, que la France ne vouloit, ny ne pouuoit soustenir la guerre, que les esprits y estoient diuisez sur ce sujet ; & qu'ainsi ils la contraindroient de conclure vn Traicté à telles conditions que bon leur sembleroit, n'ont pas aussi peu seruy à empescher la Paix.

La facilité que les François ont apportée à tout ce qui la pouuoit auancer, l'a retardée : ceux à qui ils ont eu à faire ne s'estans seruis de ce qui leur a esté accordé, que pour en pretendre dauantage.

Ils ont estimé que le flegme de leur nation preuaudroit à l'impatience de la Françoise, & que leur perseuerãce en leur iniustice gaigneroit en fin la fermeté qu'ils doiuent auoir à continuer la iuste deffence des oppressez.

Ils se sont trompez en leur calcul, & par la grace de Dieu

les Armes du Roy ont eu autant d'auantage que de iustice. Elles ont tousiours battu en quelque lieu qu'elles ayẽt trouué opposition. Les combats de Veillanne & de Carignan le iustifient. Leurs conquestes qui ouurent toutes les portes d'Italie, & sont contiguës à la France, sont beaucoup plus importantes que les vsurpations des ennemis.

Elles sont d'autant plus à estimer, qu'elles ont esté faites à la face des trois armées puissantes, pour ce qui est du Piedmõt, & d'vne autre dans la Sauoye, qui nonobstant l'auantage des lieux à excuse d'auoir tousiours lasché le pied, puisque c'est deuant la personne du Roy, qui est tellement accoustumé à vaincre, que sa seule ombre est capable de confondre ceux qui s'opposent à ses Armes.

Les ennemis n'ont rien acquis de considerable, qu'aux lieux où ils n'ont point trouué la resistance des François. La tromperie, la faim, & les ruses ont beaucoup plus de part en leurs conquestes que la force. Ils n'ont Mantouë que par surprise, ils doiuent cette bonne fortune à la peste, qui comme vn fleau de Dieu abbat les hommes, sans que souuent ils se puissent deffendre. Leur foiblesse a esté leur force en ceste occasion, puisque les mespris qu'on en faisoit les a rendus victorieux.

Cazal a tousiours resisté à leurs efforts, ils n'y ont mis le pied que par la cõsignation qui leur en a esté faite volõtairement, & ils l'ont rendu en la presence des forces Françoises.

Le Roy n'a pas perdu en ceste guerre vn seul des Principaux Officiers de son armee. Et outre que les ennemis en ont peu conserué dez leur, la mort du Duc de Sauoye, du Marquis Spinola, & du Comte Collalte, Chefs des trois armees qui s'opposoient à celle de la France, ne sera pas en l'esprit des plus iudicieux vne petite marque de leur mauuaise cause.

Dieu, qui fauorise la Iustice & les bons desseins, benira en fin de telle sorte les iustes intentions du Roy, selon les vœux de tous les gens de bien; que ses alliez seront conseruez en la possession de ce qui leur appartient legitimement, & que ses ennemis ne troubleront plus à l'aduenir le repos de la Chrestienté, comme ils ont fait par le passé en diuerses occasions.

Relation de ce qui s'est passé depuis quelque temps en Italie, pour le fait de Pignerol.

PENDANT que tout le reste de l'Europe auoit les yeux tournez sur ce grand & memorable siege de la Rochelle; où le Roy, poussé d'vn zele vrayement digne de ce fils aisné de l'Eglise qu'il est, creusoit le tombeau de l'Heresie dans les ruines de la Rebellion : l'Espagnol, qui fait profit de tout, & qui ne perd iamais aucune occasion de s'accroistre, iettoit les fondemens d'vne nouuelle entreprise sur le Montferrat. Ce pays, bien que de fort petite estenduë, est neantmoins de tres-grande importance au dessein qu'il a sur toute l'Italie. Outre qu'il seroit le lien de ce qu'il y possede ailleurs sous diuers titres, en plusieurs endroits; il luy seruiroit aussi de rempar contre ce que la descente des Alpes peut attirer de plus fascheux sur sa teste. C'est ce qui le luy fait mugueter en toutes sortes il y a long temps. Il n'est artifice qu'il n'employe, il n'est effort qu'il ne fasse pour l'auoir. A quoy il se sent d'autant plus excité depuis quelques annees, que voyant cette piece en la main d'vn Prince, de qui la naissance luy rend l'affection suspecte; il estime que l'ombre d'vn voisin, attaché, comme celuy-là, par beaucoup de raisons à d'autres interests que les siens, ne peut estre que grandement preiudiciable à son accroissement. L'aiguillon de cette ialousie pique si viuement son ambition dés ce temps-là, que passant par dessus tous les respects qui le deuoient retenir, il se resolut il y a quatre ans de s'arracher cette espine du pied. Il luy falloit vn second. Feu monsieur de Sauoye luy sembla le plus propre de tous, comme tenant les passages, par où celuy, dont il vouloit partager auec luy la dépoüille, pouuoit estre plus puissamment secouru. Il fit donc secrettement auec son Altesse le Traicté que l'on sçait, & que l'on peut dire auoir esté le fondement & le ressort de tous les troubles, & de tous les mouuemens qui l'ont suiuy. Le Roy en ayant eu aduis, n'oublia aucune sorte d'offices pour rõpre ce coup,

& pour destourner par voyes amiables l'orage, dont cette nuee menaçoit l'Italie; mais inutilement. Car Dom Gonzale de Cordouë prenant les mesures du siege de Cazal sur celuy de la Rochelle, qu'il iugeoit deuoir estre beaucoup plus long qu'il ne fut, se met aussi-tost en campagne, & pour l'acheminement du dessein, dont il auoit esté l'autheur, porte les armes de son maistre droit au lieu, de la prise duquel dependoit la conqueste entiere de tout le reste de l'Estat. Plusieurs raisons toutes tres-importantes conuioient sa Majesté à couurir de sa protection vn Prince, qu'on ne vouloit principalement opprimer, que pour ce qu'il est nay son sujet. Vne seule le retenoit; la commiseration de son pauure peuple, tellement abbatu sous le faix des charges, que la continuation des broüilleries & diuisions precedentes a multipliees de longue main dans les necessitez pressantes des affaires, qu'il n'auoit plus besoin que de repos pour se remettre. Mais iugeant tres-bien, selon sa prudence accoustumee, que le plus asseuré moyen de le soulager, estoit de couper pour iamais la racine aux causes qui l'auoiẽt empesché iusques alors de luy procurer ce bien, il voulut faire encore ce dernier effort; s'asseurant qu'apres auoir esteint chez ses alliez le feu, que le voisinage alloit ietter chez luy, il pourroit beaucoup plus commodément faire iouyr ses sujets du fruict des bonnes & salutaires intentions qu'il a tousiours euës pour eux. A peine auoit-il bien essuyé la sueur des fatigues, dont vn siege de quinze mois l'auoit exercé; que prenant le changement d'ennemis pour rafraischissement de ses trauaux, sans donner pour tout autre relasche à son armee, que ce qu'il luy fallut de temps pour venir de l'Ocean qu'il auoit quitté, iusqu'aux Alpes qu'il alloit franchir, il les trauersa luy-mesme en personne, durant la plus rude saison de l'annee, auec de si puissantes forces, que toutes celles qu'il trouua sur pied au delà des monts, n'auoient pas dequoy luy resister. Et personne ne doutoit que la prise de Suze, qu'il força d'abord, n'ouurist à sa Majesté le chemin au recouurement de ce qu'on a vsurpé autrefois en ces pays-là sur ses predecesseurs. Ce fut par ceste porte que Constantin le Grand paruint à l'Empire de Rome, & nostre Charlemagne au Royaume des Lombards. Pareil succez l'inuitoit à pareil dessein. On vit neantmoins comme par vne moderation conuenable à cette vertu, dont le iugement vniuersel des peuples luy a donné le glorieux surnom, se contentant d'auoir monstré de loing à toute l'Italie le bras, qui venoit de rõpre le ioug où l'on la vouloit soufmettre; il consentit au Traicté qui suiuit: Par lequel se declarant Liberateur & Protecteur de Monsieur de Mantouë, contre ceux qui s'estoient efforcez de le dépoüiller de son bien, il se rendit pareillement arbitre des differents, que la Maison de Sauoye, & celle de Gonzague, toutes deux honorees, bien que diuersement, de son alliance, auoient à démesler. Les pretentiõns que la premiere a de longue main sur le Montferrat, estans assez cognuës d'vn chacun, nous n'en auons autre chose à dire icy, si ce n'est que les Espagnols les ayans tousiours ouuertement combattuës depuis treize ou quatorze ans en çà, n'ont commencé à les appuyer, que lors qu'ils ont creu auoir trouué l'occasion d'y prendre telle part, qu'il leur seroit facile quelque iour d'auoir le reste. Le Roy preferant en cela, comme par tout ailleurs, le repos de ses voisins à tous les aduantages que ceste nouuelle ouuerture luy presentoit, y proceda selon sa coustume, auec vne franchise esloignee de toute sorte de passion. Car bien que le ressentimẽt de l'offense, que l'on luy auoit voulu faire en la personne d'vn Prince qu'on auoit tasché de ruiner, pour cette seule consideration qu'il est nay François, le portast, ce semble, non seulement à s'opposer à ce qu'on pouuoit pretendre iustement sur quelques pieces de ses Estats, mais à se venger mesmes de ce qu'on auoit iniustement entrepris sur le tout; il fit neantmoins faire raison là-dessus au feu Duc de Sauoye, sur le modele des precedents accommodemens proiettez auant la guerre, & du temps mesme du Duc Ferdinand de Gonzague, par la reddition de certaines terres, qui luy furent adjugees. Par cet accord sa Majesté ne donnoit aucun iuste sujet de plainte à personne. Il contentoit feu Monsieur de Sauoye, en luy faisant rendre tout ce qu'il pouuoit legitimement demander pour ce regard; obligeoit les Espagnols, en ne se seruant point contre eux des occasions de leur nuire, que la conionƈture preſente luy mettoit en main ; & laiſſoit tout enſemble à l'Empereur ce qui luy appartient, par la conceſſion de l'inueſtiture, & par la confirmation de l'accord ; pour lequel Monſieur de Mantouë enuoya ſon fils, & le Roy employa ſes offices par vn Gentilhomme depeſché de ſa part à la Cour Imperiale. De ſorte que tous les Princes intereſſez demeurans par ce moyen pleinement ſatisfaits, il n'y auoit perſonne qui ne creuſt, que l'accommodement de ces deux maiſons ne fuſt à toute l'Italie, que leurs querelles auoient ſouuent troublee, le nœud d'vne longue & durable paix. Tout ſembloit y conſpirer. Le Roy, pour faire voir de ſa part, qu'apres tout ce qu'il auoit fait, il ne luy reſtoit autre deſſein, que d'affermir auec quelque aſſeurance ce qu'il auoit eſtably auec beaucoup de peine : ſe contenta d'enuoyer quelques troupes à Monſieur de Mantouë, pour la ſimple garde de ſes principales places du Montferrat, & de ſe conſeruer par le depos de Suze, fait du conſentement de feu Monſieur de Sauoye, vn paſſage pour ſon retour en Italie, en cas que quelque innouation l'y rappellaſt. Et bien qu'il euſt aduis de tous coſtez, que les Eſpagnols faiſoient de nouueaux preparatifs de guerre, au meſme temps qu'ils traittoient la paix ; neantmoins meſurant la foy des autres à la ſienne, il reuint ſur ſes pas en ſon Royaume, auec reſolution d'employer les forces qu'il retiroit de Piémont, à reduire en ſon obeyſſance tout ce qui reſtoit encore de factieux en ſon Eſtat. Il ne les eut pas menacez, qu'ils recoururent incontinent à ſa clemence, auec des ſubmiſſions, dont ſa Majeſté ſe pouuoit fort honorablement contenter à l'exemple de ſes predeceſſeurs ; ſi le zele d'acheuer puiſſamment vne fois pour toutes ce grand ouurage, non moins heureuſement commencé, qu'ardemment deſiré du ſainct Pere, & de tous les Potentats vrayement Catholiques, ne l'euſt touché plus viuement, que le deſir d'eſtendre ſes frontieres ; & s'il n'euſt creu indigne de ſa grandeur, auſſi bien que de ſa pieté, d'imiter ces Princes, qui ne font point ſcrupule de traitter de paix auec leurs ſujets rebelles, pour tourner leurs forces à l'vſurpation des Eſtats de leurs voiſins.

Mais à peine fut ſa Majeſté bien engagee au ſiege de Priuas, & de quelques autres places fortes de Languedoc; que les Espagnols adioustans au desir qu'ils auoient desia d'en esloigner vn, qui ne leur plaisoit pas, celuy de releuer la reputation qu'ils auoient perdue en ce qu'ils auoient entrepris vainement contre luy; renoüent tout aussi-tost leurs desseins, font de nouuelles leuées par tout, & suscitans l'Empereur, autour duquel ils ont vsurpé le pouuoir qu'vn chacun sçait, attirent sous son nom les forces de l'Allemagne en Italie; apres auoir signalé les premices de leurs armes par l'oppression des Grisons, sans aucune precedente denonciation de guerre, telle que le droict commun des gens les obligeoit de faire à l'endroit d'vn peuple libre, & auec lequel ny l'Empereur, ny le Roy Catholique n'auoiēt rien à partir. Sa Saincteté, touchee, selon sa bonté paternelle, de l'apprehension des maux, dont ceste soudaine inuasion menaçoit toute l'Italie desia troublee dans le Mantoüan & dans le Montferrat, fit tout ce qu'elle peut pour en arrester le cours par l'entremise de ses Ministres, & pour mesnager quelque sorte d'accommodement entre ceux que cette affaire regardoit. Le Roy ayant à son instance enuoyé à Monsieur le Mareschal de Crequy le pouuoir necessaire pour conclure la paix, donna clairement à cognoistre, qu'il ne desiroit point la guerre, qu'autant que la raison, ou la necessité l'obligeoit à s'y resoudre : & qu'il ne tiendroit pas à luy, que toute la Chrestienté ne ioüist du repos dont elle auoit besoin. Mais ceux du party contraire se retranchans dans de simples propositions de suspension d'armes, ne voulurent iamais entendre à aucun expedient decisif. Leurs troupes estoient dans les pays qu'ils appelloient de conqueste, où elles viuoient à discretion. C'estoit ce qui leur rendoit la trefve aduantageuse, pource que l'honneur ne leur permettant pas, à ce qu'ils disoient, de les en retirer pendant la surseance, ils demeuroient de la façon armez aux despens d'autruy, & s'aduançoient par mesme moyen, selon leur desir, dans la saison de l'hyuer. Durant laquelle ils se figuroient, que sa Maiesté trouueroit tant d'affaires en son Royaume, que, pour remedier à ce qui la touchoit de plus prés entre ses suiets, elle seroit contrainte d'abandonner ses alliez, & tout le reste de l'Italie à leur mercy. Mais Dieu bonissant ses iustes desseins au delà de tout ce que les esperances humaines se pouuoient promettre, l'assista si puissamment, que ce grand & formidable party, qui par la tolerance de quelques Roys s'estoit rendu presque insupportable aux autres, fut en moins de rien reduit à la necessité de receuoir les loix qu'il luy voulut donner. De maniere, qu'ayant contraint ceux, qui n'obeyssoient autresfois à ses deuanciers qu'autant que leur interest particulier les y portoit, de souffrir l'esloignement de leur Chef, le rasement de leurs forteresses, le retranchement de leurs assemblees, & le changement vniuersel de tout ce qui portoit quelque image, ou quelque ombre de rebellion; sa Maiesté se trouua derechef en estat de repasser les monts auec plus de forces qu'auparauant, pour deliurer l'Italie opprimee pour la seconde fois de toutes parts. Monsieur le Cardinal de Richelieu, qui les conduisoit, vsant de cette diligence, qui luy est ordinaire en tout ce qui la desire, fut au delà des Alpes deuant qu'on creust bien qu'il fust seulement party de Paris. Sa venuë estonna les Espagnols. Ils voyoient à qui ils auoient à faire. Ils cognoissoient sa prudence, & n'ignoroient pas sa fidelité. De le surprendre, c'estoit chose qu'ils iugeoient fort difficile; de le corrompre, ils sçauoient bien, qu'il n'y falloit aucunement penser. Que pretendoient-ils donc? L'endormir s'ils pouuoient sur des propositions specieuses, comme en pareilles occurrences ils ont accoustumé de pratiquer artificieusement à l'endroit de ceux, qu'ils trouuent capables d'estre trompez de bonne foy. Auec ce dessein ils commencent à prester aucunement l'oreille aux ouuertures des Ministres de sa Saincteté, & à se disposer en apparence à la paix. On parle, on escoute, on traitte. Ils témoignerent du commencement qu'ils ne desiroient rien tant que de contenter le Pape qui s'en mesloit. Mais apres auoir trauersé premierement le cours, & puis finalement eludé l'effet de la negotiation, tantost par des conditions ou impossibles, ou ridicules, tantost par des reuocations, ou des limitations du pouuoir de ceux qu'ils y employoient; ils firent à la fin ouuertement paroistre, qu'ils ne vouloient de la paix, que ce qu'il leur en falloit, pour nous faire perdre l'aduantage que la guerre nous donnoit sur eux. Leur but n'estoit que de coniurer l'orage qui leur pendoit sur la teste, & de renuoyer sans rien faire deçà les monts vne armee, qui leur pouuoit tomber sur les bras, & porter peut-estre à Milan, le siege dont elle auroit deliuré Cazal. Nous auions desia pris Pignerol; ils demandoient qu'on le leur rendist auec Suze, que nous tenions dés l'autre fois; sans vouloir rien accorder, de ce que nous demandions de nostre part pour asseurance de ce qu'ils nous promettoient de la leur, quand nous aurions desarmé. Cela ne se pouuoit. Car, si le passage que le Roy s'estoit reserué par le Traicté precedent, n'auoit pas empesché que l'on n'eust enuahy depuis les Estats de ses Alliez; combien estoit-il à craindre qu'on ne fist encor pis, lors que toutes ses troupes auroiét repassé les Alpes, comme on vouloit qu'elles fissent, & que par la restitution de ces deux places, qui luy donnoient le moyen de les secourir au besoin, il ne se seroit laissé autre entree dans l'Italie, que celle qu'il plairoit à Monsieur de Sauoye de luy donner? Les belles paroles, qui ne manquét iamais moins qu'en la bouche de ceux qui les veulét moins tenir, ne nous estoient pas espargnees de son costé. Mais de s'appuyer en vne affaire de si grand poids sur la promesse nuë, & sur la simple foy de celuy, qui contre ce qu'il auoit promis vn peu deuant, s'estoit de nouueau ioint auec les Espagnols; & qui vrai-semblablement en feroit de mesme, autant de fois qu'il estimeroit gagner quelque chose auec eux: c'eust esté sans doute vne imprudence reprochable à ce sage & clairuoyant Ministre; qui ayant l'honneur & les interests d'vne puissante Couronne entre les mains, ne pouuoit laisser tromper de la sorte son Maistre pour la seconde fois, sans se rendre pour iamais indigne de la confiance qu'il auoit en luy. Il se garda bien aussi de commettre ceste faute. Non pas qu'il ne desirast grandement la paix, suiuant l'intention de sa Maiesté, qui n'auoit pris les armes que pour la donner à ses voisins: mais ayant vn si iuste suiet de se défier de ceux qui venoient de rompre tout fraischemét le dernier accord qu'ils auoient fait; il creut estre obligé de chercher pour l'execution de celuy qu'on vouloit faire, les seuretez conuenables à l'importance d'vne chose, qui regardoi t le bien & le repos de toute la Chrestienté. Surquoy ceux de l'autre party n'ayant iamais voulu consentir à rien de ce que la raison les condamnoit ou d'offrir, ou d'accepter, & l'entremise des Ministres de sa Saincteté, dont ils auoient tousiours en apparence tesmoigné de souhaiter la satisfaction, estant demeuree par ce moyen inutile; le Roy fut à son tres-grand regret contraint de continuer encore la guerre quelque temps. Durant lequel, pour ne rien dire de la Sauoye, personne n'ignore ce qui se passa dans le Piémont, à Aueiglane, à Saluces, à Carignan, & finalement dans le Montferrat, à Cazal. Celuy qui sonde les cœurs des hommes, & qui porte ceux des Roys en ses mains, cognoissant que les armes de sa Maiesté n'auoient autre but que de maintenir genereusement ceux que l'on vouloit iniustement ruiner, accompagna toutes ses entreprises de si grandes & si visibles benedictions; que, sans la surprise de Mantouë, qui pouuoit assez facilement estre euitee, & dont la Iustice du Ciel ne permit la perte, que pour le chastiment d'vn peuple, qui n'auoit point dans l'ame la veritable affection qu'il deuoit à son Prince; on pouuoit dire, que toutes les victoires que ses deuanciers auoiét autrefois emportez en ces pays-là, n'auoient rien de comparable en bon-heur à celles qu'il y gaigna par tout où ses ennemis l'obligerent de combatre. Le visage riant de la Fortune est vn fort doux & fort puissant leurre à l'ambition d'vn Prince genereux. Le Roy ne le pouuoit desirer meilleur. Il auoit la force & l'occasion en la main, encore plus que la premiere fois; le suiet & le droit ne luy manquoient pas. Il ne voyoit rien autour de luy, qui ne le conuiast à quelque chose de plus haut, que ce qui l'auoit fait armer. Mais aimant mieux faire cognoistre la sincerité de ses intentions à tous les Princes de l'Europe, que sentir la force de ses armes à ceux qui l'auoient contraint de les prendre; au lieu de les porter plus auant, comme il le pouuoit faire auec aduantage, il enuoya ses Ambassadeurs à la Diette de Ratisbonne, pour faire entendre à l'Empereur, & aux Electeurs assemblez en ce lieu-là, les iustes mouuements qui l'auoient poussé à prendre la defense de Monsieur de Mantouë, sans aucun dessein de l'empescher de rendre à sa Ma-

iesté

jesté Imperiale tous les hõneurs & tous les respects, qu'elle en pouuoit attendre, ny de blesser en façon quelconque les droits de l'Empire. Cet expedient porta coup. La verité de l'affaire, qui peut-estre iusqu'à lors, auoit esté deguisee par des Ministres interessez, ayant esté nettement representee deuant ceux à qui la cognoissance en estoit proprement deuë ; ils recogneurent combien la ruine d'vn Prince, qui n'auoit autre crime que d'estre François, & pour cette raison odieux aux Espagnols, seroit desagreable à Dieu, protecteur des innocens oppressez : & combien la suitte de cette guerre, qui auoit desia espuisé l'Allemagne de ses meilleurs soldats, pouuoit estre fatale à l'Empire, aussi bien qu'elle l'auoit esté aux Estats de feu Monsieur de Sauoye ; que l'on luy auoit presque entierement laissé perdre, pour auoir le temps de prendre Cazal. Ces considerations les firent sagement resoudre à pacifier promptement les troubles d'Italie. A quoy le Roy de sa part apporta toute la disposition qu'on peut desirer d'vn Prince, comme il est, plus equitable qu'ambitieux. Car prenant entiere confiance aux bonnes intentions de sa Majesté Imperiale, & s'asseurant que ce qui seroit resolu auec elle dans vne si celebre assemblee, à la veuë de tout ce que l'Allemagne a de plus grand, seroit executé de bonne foy, il enuoya tout aussi-tost à ses Ambassadeurs les pouuoirs requis en telles affaires. C'estoit ce que les Espagnols ne vouloient pas non plus que deuant. Mais nonobstant toutes les menees qu'ils firent dans la Cour Imperiale, pour trauerser la conclusion d'vne paix, qui ne leur agreoit pas ; ceux qui auoient le veritable interest à la conseruation des droicts de l'Empire, dont on faisoit semblant qu'il s'agissoit en ceste guerre, ayans repris en cette negotiation l'authorité qui leur appartenoit, s'en firent accroire par le Traitté du 13. d'Octobre 1630. Et bien que les Ambassadeurs de sa Majesté eussent en beaucoup de chefs outrepassé les ordres qui leur auoient esté donnez ; le desir du repos public eut neantmoins tant de pouuoir sur elle, qu'il consentit à l'execution de ce qu'on auoit arresté pour les affaires d'Italie, moyennant quelques precautions absolument necessaires pour la seureté commune de tous les interessez, & qui furent depuis accordees par le Traitté de Cazal du 26. d'Octobre, & par les deux de Querasque, qui le suiuirent, l'vn du 6. d'Auril, & l'autre du 19. de Iuin. Il ne tint pas toutesfois aux mesmes, que rien de tout cela ne tinst. L'Ambassadeur d'Espagne, qui fut tousiours present aux deux dernieres negotiations, encore qu'aux points qui pouuoient regarder son maistre, il eust declaré qu'il n'auoit aucun pouuoir, n'oublia sorte aucune de subtilitez pour faire tout rompre. A peine fut concluë la premiere du 5. d'Auril, que le Duc de Feria, qui n'y auoit pas voulu interuenir, en empescha l'effect par son seul caprice; aymant mieux laisser les Estats de l'Empereur en proye à la mercy d'vn Prince conquerant, qui souleuoit l'Allemagne de toutes parts contre luy, & abandonner la Flandre, qui estoit lors en tres-grand danger, que de souffrir la paix en vne Prouince, dont il desiroit ou la conqueste entiere, ou la ruine. Ces procedures donnoient, comme on peut iuger, de tres-iustes sujets de meffiance au Roy. Toutesfois sa Majesté n'en attribuant point tant la faute aux Imperiaux, dont il auoit en certaines choses recogneu la sincerité, qu'à ceux, qui pouuans desia plus en Allemagne que les Allemands mesmes, auoient pris par industrie plus de part en la direction de ceste affaire que la raison ne vouloit: elle ayma mieux se mettre en dãger d'estre encore vne fois trompee, que d'estre accusee des malheurs qu'vne plus longue diuision attireroit sur ses voisins. Et quoy qu'il s'agist en cela de toute la fortune d'vne guerre, où l'on auoit auec vne incroyable depense employé de part & d'autre plus de deux cents mille hommes, & que d'ailleurs il luy fust en toutes façons beaucoup plus vtile de garder ce qu'il auoit desia pris de plus commode à la seureté de son Estat, tant deça que delà les monts, que de le rendre par vne paix, dõt la duree ne pouuoit estre que douteuse auec ceux qui n'y consentoient qu'à regret: il se resolut pourtant de l'executer auec la mesme candeur & la mesme facilité, qu'il auoit témoignee auparauant en tout le reste. Enquoy l'on ne peut dire, qu'il ait manqué d'vn seul point. Voyons si les autres en firent de mesme. Rien moins. Ce ne furent de leur costé que contrauentions manifestes à ce qu'ils auoient promis.

Le Duc de Feria, qui, comme nous auons dit cy-deuant, n'eut iamais autre pensée que de renuerser tout, n'auoit presté son consentement au traicté, que pour se lauer du blasme que luy donnoit toute l'Italie d'estre cause de tous les malheurs qu'elle enduroit, & pour faire cesser quelque temps les clameurs des propres sujets de son maistre, qui n'en pouuoient plus. Il ne l'auoit pas encore bien signé, que preparant toutes choses pour le rompre, il en mit secrettement les fers au feu. Il ne se pût mesme empescher de dire assez haut, que les affaires de l'Europe estans enchaisnées, comme elles estoient, les vnes auec les autres, il estoit impossible que l'Italie demeurast en repos, pendant que tout le reste se broüilloit. Sa conduite a monstré depuis qu'il en parloit comme sçauant; & que le desir secret qu'il auoit de rompre la paix, estoit l'esprit familier, qui luy reueloit qu'elle ne dureroit gueres. Nul ne peut estre meilleur prophete des choses à venir, que celuy qui doit estre luy mesme vn des executeurs de ce qu'il annonce. On ne fut pas long-temps sans voir esclorre vne partie de sa prediction. La Royne-Mere, & Monsieur frere de sa Majesté, preuenus par les conseils de quelques vns qu'on sçait, s'estoient insensiblement engagez à des desseins non moins preiudiciables à l'Estat, que contraires à leur naturel. On fomente sous-main leur mécontentement, comme vn leuain propre à troubler le Royaume. On leur enuoye de l'argent, on leur leue des hommes au dehors, & par vne charité dangereuse on les ayde tant qu'on peut à se rendre coupables des maux que les diuisions ciuiles ont accoustumé d'engendrer. Cependant le Duc de Feria n'accomplit rien de ce qui concerne l'execution du traicté. Ses trouppes, qu'il auoit promis de licentier sur la fin de Iuillet, estoient encore sur pied au commencement de Septembre. Le manquement des estappes seruoit de pretexte à ce retardement; mais en effet, ce n'estoit que pour auoir le loisir d'écouter ce que produiroient dans le cœur de la France les practiques secrettes que les Ministres d'Espagne y faisoient. Ce qui fut cause qu'on prit de nouueaux delais pour la restitution des places. Il fait plus. Il auoit ratifié la promesse que le Baron de Galasse auoit faite par escrit, que toutes les trouppes Imperiales se retireroient ; & sçauoit bien la parole que le mesme auoit donnée, que le Regiment de Chambourg seroit du nombre. Nonobstant tout cela, il s'opiniastre à retenir ce regiment auec celuy de Salin ; bien que la garnison de Milan n'ait point accoustumé d'estre composée d'estrangers. Il le faisoit, pour estre en estat par le moyen des Officiers de ces deux Regimens là d'attirer, quand il luy plairoit, dans l'Italie vn corps de six mille Allemands, & d'auoir en reserue outre cela dans le pays, tous les Italiens, qu'il pouuoit leuer aussitost, & qu'il ne pouuoit tenir sur pied auec les autres, sans empescher la restitution des places, qu'il desiroit tant de nous arracher des mains. On s'en plaind ; il respond, que c'est pour faire trauailler les Allemands aux fortifications qu'il desseigne, au lieu des Italiens & des Espagnols qui ne s'y veulent pas employer. Couleur si foible, que lon voyoit aisément au trauers la mauuaise foy de celuy qui s'en seruoit. Elle ne parut pas moins en tout le reste. Il s'estoit encore obligé d'enuoyer en Flandres six mille hommes de pied & mille cheuaux d'vne part, & trois pietons auec cinq cens cheuaux de l'autre, au lieu du Regiment de Chambourg. Les grands preparatifs que faisoient lors les Hollandois contre son Maistre, ne luy demandoient pas vn moindre secours. Et toutesfois il se vit par le fidelle contrerolle qui en fut tenu, qu'il ne passa de ce nombre là par les Grisons, que cinq mille huict cens hommes de pied en tout ; le reste ayant, sous le pretexte d'vn licentiement, esté dispersé dans le Milanois, afin de l'y pouuoir retrouuer, aussitost qu'on en auroit besoin. Pour la caualerie de mesme ; on en retint plus qu'on n'en congedia. Tout cela, comme on sçeut depuis, auec dessein de faire couler en Lorraine les troupes dont on n'auoit plus tant de besoin en Flandres ; si le Roy, qui voyoit de loin où ce dessein alloit, n'eust fait cognoistre qu'il ne le trouuoit pas bon. Parmy toutes ces contrauentions, les Espagnols pressent sourdement l'Empereur de leur faire remettre Mantouë entre les mains. N'ayans pû gaigner ce point sur la bonne foy de sa Majesté Imperiale, quelques offres aduantageuses qu'ils luy sceussent faire; ils corrompent le Colonel Colored, qui commandoit dedans, & sur l'esperance qu'il leur donne, font aduancer le Regiment de Châbourg pour s'y jetter, comme infailliblemēt ils eussent fait, si d'autres chefs plus fidelles que luy n'y eussent promptement pourueu, apres que la trahison fut descouuerte. Ce qui se passa presque en mesme temps sur le fait de l'Inuestiture des Duchez de Mantouë & de Montferrat, n'est pas vn moindre tesmoignage de leur mauuaise intention. Par le premier Traicté de Querasque l'Empereur auoit promis de l'enuoyer dans certain temps. Les Espagnols s'y opposerent auec vne extresme violence; iusques à vouloir rompre auec luy là dessus, s'il y satisfaisoit. Mais voyans qu'ils n'auoient pû empescher à la fin, qu'apres vne infinité de remises, & de longueurs affectées au preiudice des Traictez precedens, elle ne fut deliurée en execution du dernier; voicy dequoy ils s'aduisent. Le lendemain de la deliurance de cette piece, ils font publier en la Chancellerie Imperiale vn Acte, par lequel elle est declarée nulle, au cas que le Traicté de Ratisbonne ne soit executé precisément de poinct en poinct. Qu'vne condition de cette sorte adioustée secrettement contre la teneur de plusieurs Traictez, qui portent en termes exprés, qu'elle seroit donnée purement & simplement, sans aucune limitation, ne demeure sans effet; c'est ce que personne ne reuoquera iamais en doute, s'il n'est preuenu de quelque passion, qui luy trouble le iugement: Estant tres-certain, qu'vn Acte priué tel que celuy-là, fait à la sollicitation particuliere d'vne des parties, au preiudice & sans le consentement de l'autre, ne peut deroger en aucune maniere aux conuentions solennelles d'vn Traicté conclu publiquement entre plusieurs interessez. Mais ils preparoient de bonne heure cet artifice, afin que par les explications qu'ils se donneroient eux-mesmes là dessus en leur propre fait, il fut tousiours en leur puissance de rendre quelque iour inutile ce qui ne leur auoit iamais esté agreable: en supposant, comme il seroit bien aisé, quand il leur plairoit, que la conduite de Monsieur de Mantouë, des actions duquel ils seroiēt les interpretes & les Iuges, auroit quelque chose de contraire au Traicté de Ratisbonne. S'ils effectuoient si mal en ces pays-là ce qu'ils auoient promis, ils ne procedoiēt pas ailleurs de meilleure foy. Le Comte de Merode, & son Lieutenant, l'vn & l'autre dependans beaucoup plus du Duc de Feria que de l'Empereur, commettoient toutes sortes de violences dans les Grisons, où pour lors ils commandoient, afin de nous obliger par le iuste ressentiment que nous en pourrions auoir, de venir à quelque rupture: sans parler de ce qu'au preiudice de l'accord ils y retindrent huict ou neuf cens hommes des troupes Espagnoles qui passoient, pour renforcer les leurs. D'autre costé, Monsieur de Sauoye ne donnoit pas non plus, en ce qui le touchoit, au Roy tout le contentement que sa Majesté s'en estoit promise. Elle auoit creu, que son Altesse s'estant par le Traicté de paix degagée de l'vnion qu'il auoit auec les Espagnols, se resouuiendroit que les François, pendant qu'ils estoient ses ennemis, auoient plus soigneusement procuré ses aduantages, que ceux mesmes pour lesquels le feu Duc son pere auoit sacrifié ses Estats & sa vie: Et que se representant, combien estoit fatale à sa maison sa diuision d'auec la France, suiuant ce que l'experience en auoit déja fait voir trois fois depuis vn siecle, il tascheroit par tous moyens de reuenir dans l'alliance de sa Majesté, où ses predecesseurs ont tousiours trouué la commodité de leurs sujets, la seureté de leurs Estats, & le veritable appuy de leur famille. Neantmoins au mesme temps que le Roy donnoit son consentement pour ce fauorable partage qu'il luy fit faire dans le Montferrat, & que suiuant ses ordres, en luy rendant la Sauoye, on luy promettoit la restitution du reste qu'on auoit pris sur luy dans le Piedmont; on descouurit que l'Abbé Scaglia, l'vn de ses principaux Ministres, estoit party d'Espagne, chargé d'argent & de bien-faits, pour aller aux despens du Roy Catholique poursuiure vne ligue en Angleterre contre la France, auec charge d'y faire plusieurs propositions fort esloignées de ce que lon monstroit en apparence de souhaitter le plus. Le soupçon que donna ce voyage, fut redoublé par celuy qu'on eut aduis que Monsieur le Cardinal de Sauoye alloit faire en Flandres ; où, selon les mesures qu'il auoit prises, il se deuoit rendre iustement sur le poinct que la Royne-Mere y arriuoit ; si sa Majesté ne luy eust fait cognoistre en passant, combien cette visite de l'Infante luy pouuoit donner d'ombrage en cette saison là. De plus, le Baron de Sainct-Roman, apres auoir conferé dans Milan auec le Duc de Feria, & dans Turin auec l'Ambassadeur d'Espagne, passa sous les passe-ports de son Altesse de Piedmont en Languedoc, pour y faire vne leuée de quatre Regimens sur les commissions de Monsieur frere du Roy, dont il fut trouué saisi. A mesure que cela se faisoit, on donnoit ordre qu'on enuoyast d'Italie à Barcelonne cinq cens Espagnols auec deux mille Italiens, pour les employer au dessein qu'vn chacun se peut figurer. Les lettres du Comte de la Roque l'expliquerent assez clairement à ceux entre les mains desquels elles tomberent. Il y donnoit aduis au Roy d'Espagne son maistre, des resolutions prises auec son Altesse de trauailler à rendre immortelles les diuisions de la France, en portant les mescontentemens de la Roy-Mere, & de Monsieur frere du Roy à tel poinct, qu'ils en deuinssent irreconciliables, & que lon pûst par ce moyen donner à la France (ce sont ses mots mesmes) *vna buena herida*. Tout cela, quoy que fort éloigné de ce qu'vn chacun deuoit contribuer à cette franche reünion des esprits, tant souhaittée de tout le reste du monde, n'empescha point que sa Majesté, qui desiroit plus la paix que ceux à qui elle estoit plus necessaire qu'à luy, ne satisfit ponctuellement, comme on pût voir, à la restitution des places portées par les Traictez. Mais ceux qui n'auoient rien fait de tout ce qu'ils auoient promis, que pour nous obliger à leur rendre ce que nous auions emporté sur eux, ne se soucierent gueres d'acheuer le reste, quãd ils eurent vne fois entre leurs mains ce qu'ils ne vouloient que retirer à quelque prix que ce fust d'entre les nostres. On somme le Duc de Feria de tenir la parole qu'il auoit donnée, suiuant ce que tesmoignoient les lettres des Ministres de sa Sainctetė, d'enuoyer, aussitost qu'on auroit restitué les places, les Regimens specifiez, ou en Allemagne ou en Sardagne, ou en Sicile. Il respond qu'il n'y est plus obligé, & qu'il n'a de troupes que ce qu'il en peut tenir; quoy que les plaintes de tout le Milanois verifient clairement, qu'il y paye dix mil hommes; & qu'il soit tres-certain, qu'au lieu de vingt Compagnies d'Espagnols, que le Roy Catholique y souloit auoir en temps de paix, il y en ait maintenant cinquãte trois, outre les dix-neuf d'Estrangers. Pour la caualerie de Naples, qui deuoit estre congediée en mesme temps, il n'enuoya demander le passage à sa Saincteté, que le plus tard qu'il pût, & lors qu'il iugea qu'elle le luy refuseroit, à cause des soupçons de la maladie contagieuse. Et tant s'en faut que, sur les iustes instances qu'on luy en fit plusieurs fois, il licentiast toutes ces troupes extraordinaires; qu'on vit au contraire paroistre vn renfort de caualerie nouuellement leuée par le Marquis de Rangon, qui sous pretexte de ne sçauoir par où se retirer, s'arresta contre le Traicté sur les confins du Milanois. Et quantité d'Officiers, attendans que Monsieur le Legat de Ferrare leur permist de passer au Royaume de Naples, où lon feignoit de les enuoyer pour les reformer, ne peurẽt se tenir de faire recognoistre à quelques vns, que c'estoit pour faire de nouuelles leuées qu'ils y alloient. Pendant tout cela, lon continuë à jetter dans les Grisons les semences de cette discorde, qu'on y a tousiours entretenuë le plus qu'on a pû, pour en rendre la conqueste plus facile, lors que la fortune en ouuriroit l'occasion. Et bien qu'on pressast le Duc de Feria d'accommoder leurs differents auec les Valtelins, & de faire reparer les contrauentions du Traicté de Monçon; il ne s'en mit iamais en peine, estãt bien aise de laisser tousiours les choses en cet estat, afin d'auoir vn sujet tout prest pour leur dresser vne querelle, quand il le trouueroit à propos. A ce dessein il mit ordre que les troupes qui s'en retirerent, demeurerent aux enuirons, sans s'esloigner de plus d'vne iournée, & qu'vne partie de leurs munitions de guerre ayant esté cachée dans Chiauennes, en forme de balles de marchandise, l'autre fut laissée sur la frontiere dans vn Chasteau de l'Archiduc Leopolde: Qui d'ailleurs estant eschauffé par le mesme, se mit incontinent à faire des demandes iniustes, & du tout extraordinaires aux Grisons, auec menaces, que s'ils ne condescen-

condescendoient à ce qu'il desiroit d'eux, il leur feroit ressentir le tort qu'ils auoient de le iuy refuser. Il n'en falloit pas dauantage pour faire cognoistre visiblement, combien peu d'affection auoient à la paix ceux qui l'entamoient par tout en tant de façons. Le Roy iugeant assez où tout cela tendoit, fait par plusieurs dépesches entendre tant aux Ministres de sa Saincteté, qu'au Baron de Galasse, ce qu'il estima plus à propos là dessus, pour ramener par voyes amiables toutes choses à leur vray point, & les induire à faire executer ce qui restoit à faire de l'autre costé. Mais tout cela fut en vain. Car au lieu de faire raison à sa Majesté, sur la reduction de la garnison du Milanois, sur le licentiement des estrangers, & sur la cessation des nouuelles leuees, dont nous auons parlé, comme aussi sur la restitution de l'artillerie de Monsieur de Mantouë, & des biẽs des Montferrins, que nous auons passé sous silence : au lieu d'accommoder les differens de la Valteline, & de leuer toutes sortes de ialousies, on enuoye faire par Monsieur Pancirole, Nonce de sa Saincteté, & par le sieur Mazarin, de grandes plaintes, de ce que Monsieur de Mantouë a quelques soldats François dans ses Garnisons de Mantouë & de Cazal, & que les Grisons font quelques leuees & se fortifient en leurs païs. A ces plaintes, le Duc de Feria, qui les formoit, adiouste des menaces; qui portent couuertement vne Declaration de nouuelle guerre, au cas que l'on n'y pouruoye selon sa fantaisie, c'est à dire, au cas que lon n'expose tellement les vns & les autres à sa discretion, qu'il soit en la puissance des Espagnols de s'en rendre maistres sans resistance, quand bon leur semblera; apres auoir essayé vainement par deux fois d'en venir à bout par force. On vit tout aussi-tost où visoit cet artifice; qui estoit de chercher dans le refus de ce qu'on demandoit iniustement, le pretexte de recommencer de nouueaux troubles, & de reietter sur nous la cause du mal qu'on se preparoit à faire. Toutes les propositions qui luy auoient esté faites de nostre part, estoient essentielles, & apres auoir esté poursuiuies pendant la negociation, auoient esté decidees par les Traitez. Celles qu'il faisoit de la sienne, n'auoient autre fondement que le desir qu'il a de troubler la paix, aussi-tost qu'il en trouuera le moyen. Il ne faut que sçauoir cõme l'affaire se passa pour le cognoistre. Monsieur de Mantouë se voyant pressé des Espagnols auoit receu dans Cazal six Regiments de gens de pied, & six Compagnies de Caualerie, tous François, cõduits par vn Mareschal de Camp de sa Majesté, qui estoit Maistre absolu de la ville, de la Citadelle, & du Chasteau. Cela redoubloit la ialousie de ceux qui ne pouuoient voir ce lieu-là sans regret en la puissance d'vn Prince, que sa naissance lie auec nous. Pour la faire cesser, il fut conuenu que les choses prealables ayãs esté executees, les places du Mantoüan & du Montferrat seroient remises en la libre disposition de Monsieur de Mantouë, & que les Garnisons qui y seroient restablies, ne dependroient que de luy pour en vser, comme ses predecesseurs, en telle sorte qu'elles ne peussent donner aucun iuste suiet d'ombrage aux voisins. Ce sont les trois conditions prescriptes par le dixiesme article du Traicté de Ratisbonne. Tout cela fut ponctuellement executé deslors, & s'obserue encore si religieusement à cette-heure, qu'il ne s'y peut rien desirer d'auantage: Monsieur de Mantouë, & Monsieur du Mayne son fils, estans auiourd'huy les maistres absolus de ces deux places, auec plein pouuoir d'y nommer, changer, & retrencher, comme bon leur semble, tous les Chefs, Officiers & soldats, qui y sont en Garnison, sans que personne qu'eux en prenne cognoissance. Car quant à ce que porte l'escrit du Duc de Feria, qu'il y a trois cents cinquante François dans Mantouë, & ie ne sçay combien dans Cazal, cela n'empesche pas que ceux qui les y ont mis n'en disposent entierement. Et ce seroit chose ridicule de croire, qu'vne petite poignee de gens comme cela, qui suffit à peine pour empescher vne surprise, fust capable d'entreprendre sur l'Estat de Milan L'animosité des Espagnols a tellement espuisé d'hommes ce pays-là durant ces derniers troubles, qu'à peine y en est-il seulement resté pour le labourer. Si pour subuenir à ce defaut, Monsieur de Mantouë a pris quelques François, ou des troupes de la Seigneurie de Venise, ou de ses terres, comme il a fait des Suisses, des Corses, des Napolitains, & des Milanois, qu'a-il fait, que ce que la raison luy permetcoit, & la necessité l'obligeoit de faire ? Quelle iniustice ou quelle rigueur seroit-ce, qu'vne nation qui cherche de tout temps l'exercice des armes d'vn bout du monde à l'autre, & qui fait auiourd'huy la plus grande partie des armees mesmes de l'Empereur, fust particulierement forclose de pouuoir seruir vn Prince amy de cette Couronne, pour la garde de ses places ? On n'a iamais parlé de cela pendant la negotiation de la paix. Le Traité de Ratisbonne n'en contient pas vn seul mot. Durant ceux de Querasque il en fut à la verité mis vne fois quelque chose en auant ; mais ceux qui le proposerent estans demeurez ou muets ou satisfaits sur les responses qu'on leur fit là-dessus ; le Baron de Galasse forcé par la raison, consentit que Monsieur de Mantouë peust tirer de ses alliez & de ses voisins, dequoy garder ses places, dont autrement la restitution luy eust esté inutile, veu que ses Estats ruinez & depeuplez n'y suffisoient pas. Et sçachant qu'il y vouloit faire entrer des François, venus des troupes de Venise, il ne demanda pour tout autre chose, si ce n'est qu'au moins toute la Garnison n'en fust pas composee. Mais les autres Ducs, dit-on, ne se seruoient pas de François On respond à cela ; qu'ils ne s'en seruoient pas de vray, pour ce que l'estat de leurs affaires ne le requeroit pas; mais que si quelque consideration les y eust obligez, il leur estoit permis d'en auoir. & qu'en matiere d'vsage les loix veulent qu'on regle le droit d'vn chacun, par ce qu'il a peu faire, & non pas par ce qu'il a fait, ne se pouuant dire qu'vn Prince, ou quelque autre Seigneur que ce soit, ait perdu la faculté de receuoir des coruees, des contributions, & pareilles redeuances extraordinaires, que des subjets doiuent en certains cas, pource que ses predecesseurs n'ont pas eu le soin, ou le besoin de les exiger. Que si les deuanciers du Duc de maintenant eussent esté reduits à la necessité de chercher de l'assistance chez leurs voisins, il n'y auoit point de doute qu'ils n'eussent peu auoir recours, aussi bien que celuy-cy, aux François, principalement s'ils eussent eu des terres en France comme luy. Que s'il falloit s'arrester precisément à ce qu'ils ont fait, sans considerer aucunement le droict qu'ils ont eu de faire en cela tout ce qui leur sembloit plus expedient ; par la mesme raison qu'on veut maintenant empescher Monsieur de Mantouë de se seruir de François, on pourroit en suitte l'obliger à n'auoir point du tout de garnison dans Mantouë, à n'en auoir qu'vne de deux ou trois cents hommes dans Cazal, & finalement à remettre ses meilleures villes entre les mains des Espagnols, quand ils les luy demanderoient ; pource que ses predecesseurs en vsoient de la sorte, estans sous la protection d'Espagne, ou pour le moins hors de l'apprehension qu'il a maintenant de ceux, qui depuis trois annees l'ont attaqué desia deux fois. Qu'estant donc certain, suiuant ce qu'on vient de dire, que les Garnisons de Mantouë & de Cazal, à peine capables d'empescher ces places d'estre surprises, le sont encore bien moins de rien entreprendre sur leurs voisins ; estant certain que les François qui sont entrez dans Mantouë des troupes de la Republique, & ce peu qu'il y en peut auoir dans Cazal, dependent absolument de Monsieur de Mantouë seul, qui les loge, & les change, les retrenche & les accroist, comme il veut estant certain que ceux qui l'ont precedé, ont peu faire ce qu'il fait auiourd'huy, comme infailliblement ils eussent fait, s'ils se fussent trouuez au mesme estat ; puis qu'il n'y auoit ny loy ny conuention qui leur defendist de le faire : il paroist euidemment, que c'est la haine seule de la nation, qui porte le Gouuerneur de Milan à faire des propositions si déraisonnables, & dont il ne s'est iamais ouuert, qu'apres que nous auons eu rendu Pignerol, Suze & Aueiglane ; afin d'auoir vn pretexte de garder ces troupes extraordinaires, que contre sa promesse il tiét tousiours sur pied. pour consumer ses voisins en despense par la ialousie qu'il leur donne, ou faire quelque nouuelle entreprise sur eux. Que pour en auoir mieux le moyen, il demande non seulement qu'on chasse les François de ces lieux-là, ce qui de soy-mesme n'est pas moins iniurieux qu'arrogant ; mais que les Suisses & les Italiens mesmes, qui ont esté au seruice de la Republique, en sortent aussi. Que l'on passe mesme iusqu'à vouloir faire licentier toute la Garnison. Que par ces degrez on mõtera peu à peu iusqu'à l'audace, de vouloir que Monsieur de Mantouë luy-mesme se retire, ou qu'il souffre pour le moins, qu'en la place de ceux qu'on luy veut oster on luy enuoye vne colonie d'Espagnols, puis qu'aussi bien ayant selon leur sens contreuenu pour ce regard au Traicté de Ratisbonne, & rendu par ce moyen son Inuestiture de nulle force & valeur, suiuant l'Acte secret dont il a cy-deuant esté fait mention, il ne doit plus estre recogneu pour Duc de Mantouë. Que c'est entierement se mocquer de l'entremise de sa Saincteté, & par vn procedé remply de supercherie, faire seruir vn Traicté solennel, resolu en presence de ses Ministres, de voile au dessein qu'il a de troubler le repos du pays; tenant en incertitude par des interpretations & reserues frauduleuses la condition d'vn Prince Souuerain, & renuersant par des Actes clādestins le fondement de la paix & de la seureté publique, au grand scandale de toute la Chrestienté. C'est pour ce qui regarde le fait d'Italie. Voyons ce qui concerne les Grisons,

La memoire encore toute fraische des maux que cette derniere inuasion leur auoit fait souffrir, l'apprehension de ceux dont les Lettres foudroyantes de l'Archiduc les menaçoient tous les iours, au cas qu'ils ne pliassent sous luy, & la cognoissance certaine des artifices auec lesquels le Duc de Feria taschoit à les diuiser entr'eux, pour se faire l'ouuerture qu'il cherchoit, estoient autant de raisons tres-pressantes, qui les obligeoient de pouruoir à leur seureté; se voyans encore enuironnez des mesmes troupes, qui par le Traicté se deuoient retirer. A cet effet ils enroollent leur milice meslee de quelque petit nombre de soldats pris parmy leurs voisins, au lieu de ceux que la guerre & la peste leur auoient ostez; & retrenchans leurs passages s'efforcent de les mettre en tel estat, que l'entree n'en soit plus si facile doresnauant aux estrangers, qu'elle auoit esté iusqu'alors. Voyla que l'on crie tout aussi-tost que c'est vne infraction manifeste, qui mettant le Milanois en danger, remettroit le feu par tout, si l'on ne la reparoit promptement, selon le desir de ceux qui s'en plaignoient. Le Traitté de Ratisbonne est mis encore là-dessus en auant. On pouuoit, si l'on eust voulu, se contenter de respondre sur ce point, qu'en ce Traité là les Ambassadeurs du Roy, ayans, comme nous auons desia dit, excedé leur pouuoir en beaucoup d'articles, sa Maiesté ne l'a iamais approuué, que pour ce qui concerne les affaires d'Italie, sous les conditions adioustees depuis. Mais sans s'arrester à ceste defense, quoy que tres-pertinente & tres-forte : on soustient, que, quand bien on s'y soumettroit pour tout le reste, il ne contient rien qui puisse fonder tant soit peu la plainte qu'on fait. Que l'art. 12. porte à la verité, que les fortifications faites en ces pays-là par les Imperiaux seroient démolies, & que personne ne pourroit plus à l'aduenir ocuper leurs passages, ny les fortifier ; mais que cette clause y fut mise à la poursuitte des Ministres du Roy, qui voyans qu'on auoit esté contraint de recommencer auec l'Empereur, ce qu'on croyoit auoir finy auec l'Espagnol, voulurent empescher par là qu'il ne fust encore au pouuoir de l'Espagnol, de recommencer ce qu'on alloit terminer auec l'Empereur. Que tourner cette precaution contre ceux, en faueur desquels elle fut inseree, est vne interpretation si ridicule, qu'il faut renoncer expressément au sens commun pour la receuoir ; estant hors de toute apparence, que des peuples libres, & qui ne dépendent purement que d'eux-mesmes, se soient volontairement priuez du pouuoir d'asseurer la liberté de leur nation contre ceux qui la voudroient opprimer. Qu'autrement, les mots d'*occuper*, & de *fortifier*, se raportans aux mesmes personnes, on pourroit se plaindre de ce qu'ils occupent leur propre pays, aussi bien que l'on se plaint de ce qu'ils le fortifient ; & demander aussi iustement qu'ils l'abandonnent, comme on demande qu'ils cessent de le remparer. Ces responses estoient si pressantes & si claires, qu'elles ne souffroient point de replique. Mais ceux qui n'écoutent pas volontiers la raison, quand ils ont la force en main, ne s'en payerent pas. Le Duc de Feria, qui tant que nous auions tenu la campagne en Italie, auoit tousiours parlé ciuilement, nous sentant esloignez, commença de parler plus haut, & continuant ses menees ordinaires, porta ses menaces iusqu'à tel poinct, que le Roy preuoyant de loin les inconueniens qu'vne plus longue tolerance pourroit engendrer, prit resolution d'y pouruoir en temps & lieu, suiuant les ordres qu'il enuoya sur ce suiet à ses Ministres, auec charge expresse de les executer, au cas que la chose passast plus auant. Le mal croissant tous les iours, & M^r. le Mareschal de Toyras estant lors absẽt, M^r. Seruien Ambassadeur extraordinaire de sa Maiesté, parlant pour tous deux, informa

Mr. de Sauoye des commandemens qu'ils auoient receus, auec vne suffisance egale à l'importance de l'action. Son discours eut plusieurs parties. Ie rapporteray briefuement les principales. Apres que, par vn sommaire recit de ce qui s'est passé depuis quelques années en Italie, il luy eut fait remarquer combien les procedures iniustes des Espagnols estoient esloignées des bonnes intentions des François, il luy fit pareillement recognoistre par vne naïue representation de ce qui se passoit pour lors, que comme les premiers n'auoient autre but que d'estendre leur domination, celuy des autres n'estoit que de conseruer chacun le sien. A quel propos, luy dit-il, vouloir empescher que des peuples independans, & qui ne releuent de personne, recherchent chez eux-mesmes les moyens de se garentir d'vne inuasion semblable à celle dont tout fraischement ils viennent de se deliurer ? A quel propos s'opiniastrer à faire sortir quelques soldats qu'on a fait entrer de leur consentement dans Mantoüe, & quelques Officiers que Monsieur du Maine a mis dans Cazal ; pour cela seulement qu'ils sont François : puis que lors que lõ traitoit tous les poincts de la Paix, & l'ordre que lon tiendroit en l'execution, on ne fit iamais autre instance là dessus, si ce n'est que les François ne demeureroient plus les maistres de ces places auec vn corps de gens de guerre, capable de donner jalousie ; tels qu'ils l'y auoient eu durant le dernier siege ? N'est-ce pas entreprendre d'imposer des loix dans les lieux mesmes où ils n'ont rien à commander, & s'attribuer l'authorité de prescrire aux Souuerains la forme qu'ils doiuent garder en la conduite de leurs propres Estats? Et qui ne recognoist tout clairement, que les esperances que le Duc de Feria donne, comme on sçait, à son Maistre, de ioindre par vn nouuel effort l'Estat des Grisons auec celui de Milan ; les poursuites qu'il fait de chasser ce peu de François qui sont demeurez, auec son sçeu mesme, aux lieux qu'ils ont mieux defendu qu'il n'eust voulu ; & les diuerses coniurations que lon trame couuertement contre la France, pour diuertir le secours qu'elle pourroit dõner à ceux qu'on a dessein d'assaillir ; sont non seulement des tesmoignages visibles, mais des effets palpables d'vne resolution prise de longue main en Espagne, de s'esleuer à l'vsurpation entiere de l'Italie, sur la ruine de tous ceux qui n'adherent pas à son ambition? A present donc qu'on est sur le poinct de la faire esclorre, & que rendant, comme on fait, les Ministres de sa Saincteté d'entremetteurs de paix denonciateurs de guerre, on ne cherche rien qu'vn pretexte de se plaindre, pour se feindre vn sujet de remuer; personne ne peut reuoquer en doute, que les mesmes loix qui permettent de repousser la force par la force, & de preuenir ceux qui nous veulent faire du mal, ne rendent tres-legitimes toutes les precautions que le Roy peut prendre, pour mettre ses alliez à couuert, & ses Estats en seureté, contre toutes sortes d'entreprises. C'est ce qui l'a fait resoudre maintenant à chercher de bonne heure de nouueaux remedes aux mal-heurs qu'vne dissimulation trop endurante luy pourroit apporter. Et recognoissant que pour demeurer selon son desir dans les simples termes de la defensiue, & couper les aduenuës aux desseins de l'aggressiõ qu'on prepare, il n'en sçauroit presentement choisir vn plus asseuré, ny moins suspect à personne, que d'auoir vn passage, par le moyen duquel, sans estre à chaque fois obligé de conduire de puissantes armées si loin, il puisse estre en estat de secourir ses alliez, & de defendre la liberté de l'Italie; il nous a commandé de demander de sa part à vostre Altesse quelques-vnes des places suiuantes; ou Suze & Aueillane, ou Pignerol & la Perouse, ou Sauillan auec les terres qui sont sur le chemin, pour y venir de France, ou Demont & Cuny, pour y mettre telle garnison de soldats François que bon luy semblera. Ce qu'il desire d'autant plus, que sçachant qu'on fait toutes sortes de pratiques pour fomenter les diuisions, qui pendant l'esloignement de la Royne sa Mere, & de Monsieur, se forment dans son Royaume; sa Majesté croit se pouuoir asseurer par cet expedient, que vous n'y prendrez aucune part. Protestant là dessus deuant Dieu & deuant les hommes, que ce n'est point par ambition d'auoir le bien d'autruy, ny par aucune enuie de troubler la paix de la Chrestienté, qu'elle fait cette ouuerture; mais pour le seul desir qu'elle a d'affermir par ce moyen le repos de ses sujets, & de maintenir le droict de ses alliez, auec la liberté de toute l'Italie. Que s'il estoit permis

mis à quelqu'vn de douter en cela contre toute apparence de la sincerité de ses loüables intentions : ce ne seroit pas vostre Altesse, qui vient d'en receuoir fraischement tant de preuues, qu'elle ne s'en peut tant soit peu defier, qu'apres auoir entierement perdu la memoire des choses passées depuis quelque temps. Ie ne luy diray rien sur ce fait, qu'elle ne sçache beaucoup mieux que tout autre. L'vnion que le feu Duc vostre pere fit auec les Espagnols pour despoüiller Monsieur de Mantoüe, ayant obligé le Roy, bien qu'ayant pour lors assez d'affaires ailleurs, de le prendre sous sa protection ; la raison le portoit, ce semble, apres que la prise de Suze luy eut ouuert le chemin à ce qu'il vouloit, sinon à se resentir, comme il pouuoit assez aisément, de ce qu'on auoit entrepris contre la raison, pour le moins à trauerser le fauorable partage qui luy fut fait dans le Montferrat, par le traicté qui termina ce remuëment. Mais ny cette premiere aggression, ny l'inuasion nouuelle, qui fut faite vray-semblablement à son instigation bientost apres, au preiudice de ce traicté ; ny les hostilitez qui suiuirent les contrauentions qu'on y fit, ne furent point capables d'empescher que sa Majesté, portée d'vne affection tousiours esgale à ce qui concerne la grandeur de vostre maison, ne luy procurast encore par celuy de Ratisbonne de plus grands aduantages que par le precedent. Qui ne sçait apres cela la facilité que nous auons apportée à ceux de Querasque, pour liquider vos pretentions auec le Commissaire de l'Empereur ? Vn chacun a veu le regret qu'ont eu les Espagnols de l'heureux succez de toutes vos poursuites ; où leur contenance a fait assez cognoistre qu'ils n'auoient cōsenty, que sur la croyance qu'ils auoient que nous ne nous y disposerions iamais. Mais, quand on ne se souuiendroit point de tout cela, la discipline dans laquelle on a fait viure fort estroictement les gens de guerre dans vos Estats, pendant qu'on saccageoit le Mantoüan, le Montferrat, & les Grisons, par des contributions insupportables ; la courtoisie auec laquelle sa Majesté a restitué à vostre Altesse ses places ; & la franchise dont elle a vsé à faire retirer ses troupes, suiuant ce qu'elle auoit promis, vous doiuent estre autant de cautions, que, suiuant ce qu'elle vous promet à cette-heure, la demande qu'elle vous fait à present n'a point d'autre visée que vostre cõseruatiõ propre, auec la manutention de tous ses autres alliez. De tous lesquels vostre Altesse estant, si lon y prend bien garde, le seul, à qui cette derniere guerre à profité; la raison semble vouloir, qu'elle contribuë particulierement quelque chose du sien, à ce qui, pour les considerations qu'elle ne peut ignorer, la touche de plus prés que tout autre. Elle aura donc, s'il luy plaist, agreable, de nous faire sçauoir promptement la response qu'elle desire que nous fassions là dessus au Roy, par le retour d'vn courrier, que nous auons ordre de luy depescher dans trois iours sur ce sujet; afin que suiuant la resolution de vostre Altesse sa Majesté puisse disposer des armées que le procedé de ses ennemis l'oblige d'entretenir auec tant de frais dans le Dauphiné, la Bresse, la Prouence, & quelques autres Prouinces de son Royaume.

Monsieur de Sauoye recognoissant qu'il auoit plus de mal à craindre, & plus de biẽ à esperer de la France, que d'aucune autre part; & se souuenãt cõbien la longueur auoit par deux fois apporté de preiudice au feu Duc son pere en pareilles occasions; se resolut prudemment de donner au Roy, par la traditiõ de Pignerol, le contentemẽt que desiroit sa Majesté, afin d'esuiter le peril d'vne troisiesme recheute, & d'asseurer par ce moyen à ses peuples la iouïssance de la Paix, qu'il leur a tres-heureusement procurée à son aduenement par le fauorable consentement du Roy.

FIN.

www.ingramcontent.com/pod-product-compliance
Ingram Content Group UK Ltd.
Pitfield, Milton Keynes, MK11 3LW, UK
UKHW022101190726
13855UKWH00002B/576